普通高等学校城市轨道交通专业规划教材

组织委员会

普通高等学校城市轨道交通专业规划教材

编写委员会

普通高等学校“十三五”省级规划教材
普通高等学校城市轨道交通专业规划教材

轨道交通运营管理
综合实训指导书 第2版

主　　编　李志成　王晓飞
副 主 编　李艳艳　朱永霞　李　钢
编写人员（以姓氏笔画为序）
马晓丹　王兆龙　王晓飞
朱永霞　李　钢　李志成
李艳艳　聂　慧
主　　审　李　锐

中国科学技术大学出版社

内 容 简 介

本书是城市轨道交通运营管理专业系列规划教材，全书从项目式教学角度出发，对城市轨道交通车站、乘务、车辆基地、运营控制中心等岗位日常与应急情况下的工作进行了全面分析。本书共分为五个模块，分别是城市轨道交通车站设备运用、客运组织与票务管理、行车组织、应急处理、检修施工组织。

本书可作为本科、高职及中职院校城市轨道交通运营管理专业及其专业群的实训指导用书或参考用书，也可作为从事城市轨道交通规划、建设和运营管理岗位技术人员的培训教材。

图书在版编目(CIP)数据

轨道交通运营管理综合实训指导书/李志成，王晓飞主编. —2版. —合肥：中国科学技术大学出版社，2023.8

ISBN 978-7-312-05529-4

Ⅰ. 轨… Ⅱ. ①李… ②王… Ⅲ. 城市铁路—轨道交通—交通运输管理 Ⅳ. U239.5

中国版本图书馆CIP数据核字(2022)第180988号

轨道交通运营管理综合实训指导书

GUIDAO JIAOTONG YUNYING GUANLI ZONGHE SHIXUN ZHIDAO SHU

出版 中国科学技术大学出版社

安徽省合肥市金寨路96号，230026

http://press.ustc.edu.cn

https://zgkxjsdxcbs.tmall.com

印刷 合肥华苑印刷包装有限公司

发行 中国科学技术大学出版社

开本 787 mm×1092 mm 1/16

印张 13.5

字数 344千

版次 2016年8月第1版 2023年8月第2版

印次 2023年8月第3次印刷

定价 68.00元

总 序

本套教材根据城市轨道交通运营管理、城市轨道交通通信信号技术、城市轨道车辆应用技术、城市轨道交通机电技术、城市轨道交通供配电技术专业的人才培养需要，结合行业企业对职业岗位能力的要求，由安徽交通职业技术学院、南京铁道职业技术学院、郑州铁路职业技术学院、上海工程技术大学、辽宁省交通高等专科学校、新疆交通职业技术学院、江苏城乡建设职业学院、合肥职业技术学院、安徽城市管理职业学院、合肥铁路工程学校、合肥市轨道交通集团有限公司、深圳地铁集团公司运营分公司、杭州城市轨道交通运营公司、宁波城市轨道交通运营公司、郑州地铁集团有限公司运营分公司、中国铁路郑州局集团有限公司、中国铁路上海局集团有限公司等单位共同编写。

本套教材以立德树人为导向，融入课程思政元素，知识传授与技术技能培养、工程伦理教育、工匠精神塑造、爱国情怀激发并重，以校企深度合作订单培养为基点，对接城市轨道交通运营岗位技能标准，融合城市轨道交通职业技能大赛，融通城市轨道交通“1+X”职业资格证书，融入思政教育，实现了“岗、课、赛、证、思”的融合。教材编写整合了国内主要城市轨道交通运营企业现场作业的内容，以实际工作过程为导向，采用“项目引领、任务驱动、问题引导、案例分析”的编写模式，以知识学习为基础，以技能训练为重点，以技术创新为提高，激发学生学习动机，提高学生学习积极性。

本套教材涵盖城市轨道交通运营管理、城市轨道交通通信信号技术、城市轨道车辆应用技术、城市轨道交通机电技术、城市轨道交通供配电技术专业相关专业课程，可作为高校所涉专业教材，也可供城市轨道交通从业人员参考。

普通高等学校城市轨道交通专业规划教材
编写委员会

前　言

本书针对城市轨道交通运营管理各岗位的技能要求，并按照认知规律和教学特点将城市轨道交通运营管理专业实训内容归纳为五个模块：城市轨道交通车站设备运用、客运组织与票务管理、行车组织、应急处理、检修施工组织。

本书以相应课程的“岗位导向、学练一体”项目化教学为基础，将每个教学项目分解成若干个任务，且每个任务都引入了实训的知识准备、设计了实训任务、详述了实训过程、提出了实训问题。

为提高实训教学效率、提升教学效果，本书给每个任务都引入了实训相关的专业知识和大量实训现场图片来对实训过程进行详述和分析，并且安排了与任务设计相似的习题，以便于学生练习与思考。因此，本书也适用于企业员工培训和学生自学。

本书由李志成、王晓飞主编，李艳艳、朱永霞与李钢担任副主编，李志成负责全书框架和编写思路的设计及全书的统稿、校对工作。具体分工如下：模块一由王晓飞、朱永霞编写；模块二由李艳艳、马晓丹编写；模块三由李志成、聂慧编写；模块四由李志成、李钢编写；模块五由王晓飞、王兆龙编写。

本书在编写过程中，得到了杭州地铁站务中心的大力支持和帮助，也得到了上海申通城市轨道交通集团公司、广州地下铁道总公司、深圳城市轨道交通集团运营公司有关专家的指导，在此表示衷心的感谢！对于李燕玉洁、何家艺、汪文婧同学在本书编写过程中提供的帮助也一同表示感谢！

由于编写时间仓促，编者水平有限，实践经验不足，书中难免有不妥之处，恳请读者批评指正。

编　者

目　录

模块三　行 车 组 织

模块四　应 急 处 理

模块五　检修施工组织

模块一

城市轨道交通车站设备运用

项目一　自动售检票系统运用

任务一　自动售票机运用

一、实训目的

(1) 掌握自动售票机票箱及钱箱的更换、补币补票、清空清点操作。
(2) 掌握自动售票机维护、应急情况处理操作。

二、实训设备与知识准备

1. 实训设备

自动售票机一台。

2. 知识准备

自动售票机结构；自动售票机功能与操作界面。

三、实训任务

(1) 自动售票机登录。
(2) 票箱 1 和票箱 2 的更换。
(3) 更换 1 元加币箱、5 角加币箱；硬币钱箱接近容量上限时，更换硬币钱箱。
(4) 纸币钱箱接近容量上限时，更换纸币钱箱。
(5) 自动售票机补币补票。
(6) 自动售票机钱箱回收。
(7) 自动售票机票箱回收。
(8) 自动售票机清空清点。

四、实训指导

TVM 设备操作

(一) 登录主界面

登录界面如图 1.1 所示。在输入用户名(000000)、密码(000000)后，点击“确定”按钮，进入维护主界面，点击“Exit”按钮，退出维护主界面，回到系统主界面。

维护主界面如图 1.2 所示,它提供了各个硬件单元的维护接口。

图 1.1　登录界面

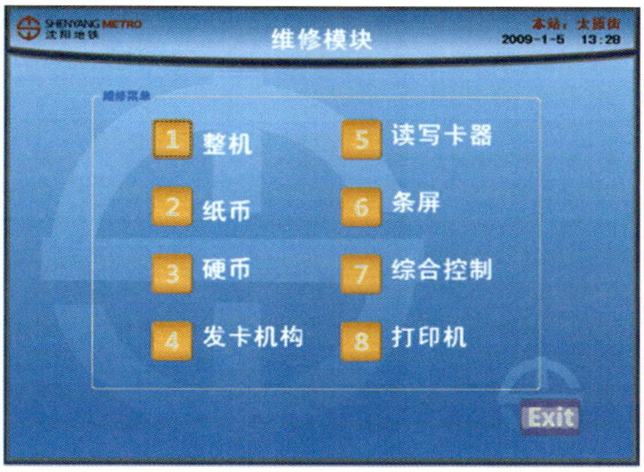

图 1.2　维护主界面图

(二) 发卡机构模块

在维修模块中,点击“4 发卡机构”进入发卡机构模块,操作界面如图 1.3 所示。

图 1.3　发卡机构——基本操作

“票箱 1”“票箱 2”两个页面在换票箱时使用。换票箱的基本操作流程如下：

1. 取下票箱

步骤:把票箱下降到底部→盖上票箱盖并上锁票箱→旋开票箱锁两旁的固定装置→下拉票箱安装架→取出票箱。

2. 设置加票数量

步骤:按“F3”或点击“新票数量”按钮,输入更换后的“票箱 1”的票数→按“F4”或点击“更换”按钮,完成加票。

3. 安装票箱

步骤:把票箱托盘架下降到底部→把票箱安置到票箱安装架→旋紧票箱座两旁的票箱固定装置→解锁票箱并掀开票箱盖→上拉票箱安装架→把票箱上升,换票箱完成,操作界面如图 1.4 所示。

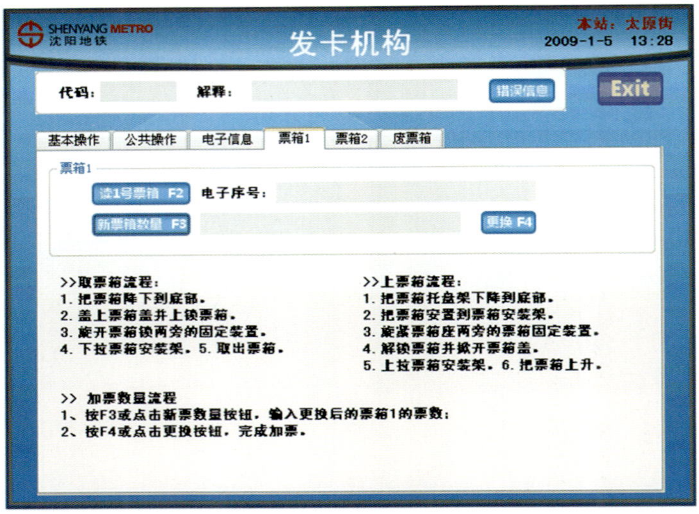

图 1.4　发卡机构——票箱 1

废票箱收集了系统不能读写的票卡，在其将达到容量上限时，需要清空废票箱，如图 1.5 所示。步骤：将废票箱中的废票取出→将空废票箱重新安置到位→按数字键“0”将废票箱清零。

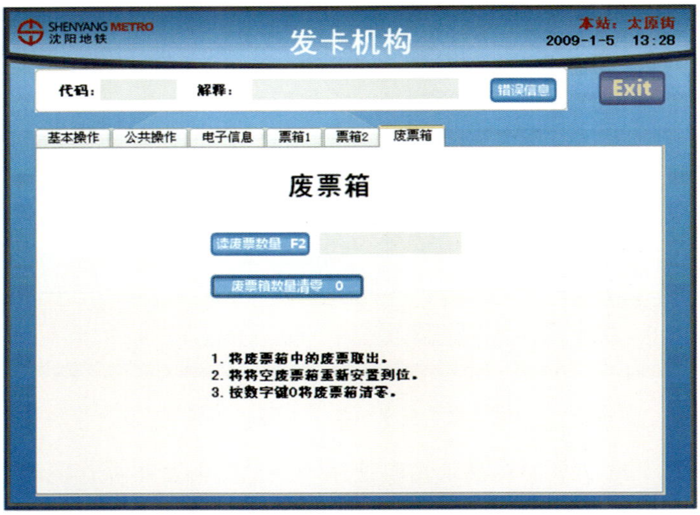

图 1.5　发卡机构——废票箱

（三）硬币模块

基本操作如下：

(1) 系统对硬币模块各个功能组件自检。

(2) 基本的硬币识别：打开闸口开始接收硬币、查询缓存识别硬币、停止接收硬币、原币奉还、硬币回收等。

(3) 缓存器和分币器的指向决定了硬币是流向循环找零箱还是流向找零口或硬币回收

箱，在待机状态下，缓存器和分币器都指向原点。操作界面如图 1.6 所示。

图 1.6　硬币模块——基本操作

更换 1 元加币箱、5 角加币箱的基本流程如下：

将 1 元加币箱(5 角加币箱)安放到漏斗上方，并上锁→按“F2”读取加币箱电子序号和数量信息→如果需要人工输入假币数量请按“F3”，进入输入状态输入加币数量→抽掉加币箱隔板让硬币掉入相应漏斗→确认加币数量无误后，按“F4”修改漏斗中硬币的数量并将加币箱数量清零。操作界面如图 1.7 所示。

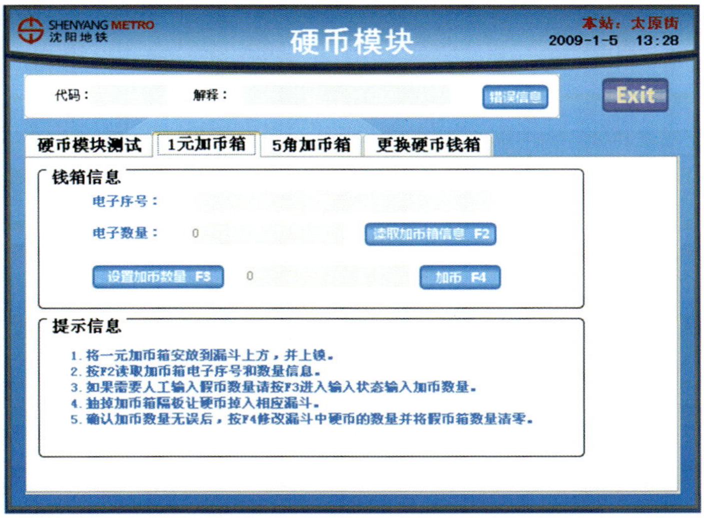

图 1.7　硬币模块——1 元加币箱

硬币模块在使用了一段时间后，钱箱中回收的硬币可能会接近硬币钱箱容量上限，这时需要更换硬币钱箱。更换的流程如下：

按“F3”将数量写入钱箱的非易失电子存储器→将硬币钱箱拉开，取出旧钱箱→将新钱箱上锁然后推入，按“F4”更换完毕→必要时按“F2”查看当前钱箱的电子信息。操作界面如

图 1.8 所示。

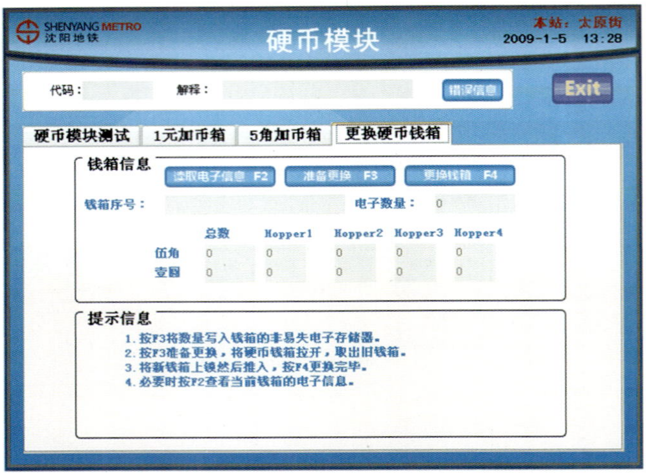

图 1.8　硬币模块——更换硬币钱箱

（四）纸币模块

纸币模块在使用了一段时间后，钱箱中回收的纸币可能会接近纸币钱箱容量上限，这时需要更换纸币钱箱。更换的流程如下：

按"F3"准备更换，将纸币钱箱锁紧装置解开→将纸币钱箱上部的锁打开并取出旧钱箱→将新钱箱送入并上锁，然后扣上锁紧装置→按"F4"使系统设法让纸币模块恢复正常→必要时按"F2"查看当前钱箱的电子信息。操作界面如图 1.9 所示。

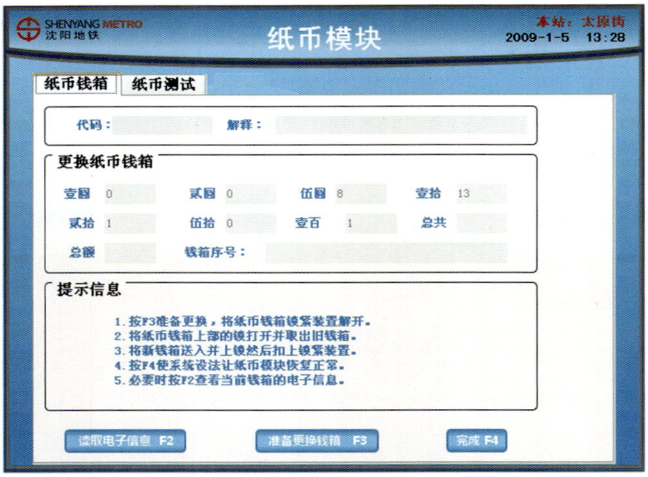

图 1.9　纸币模块——纸币钱箱

（五）自动售票机补币补票

自动售票机(TVM)补币补票主界面及编辑界面分别如图 1.10 和图 1.11 所示。

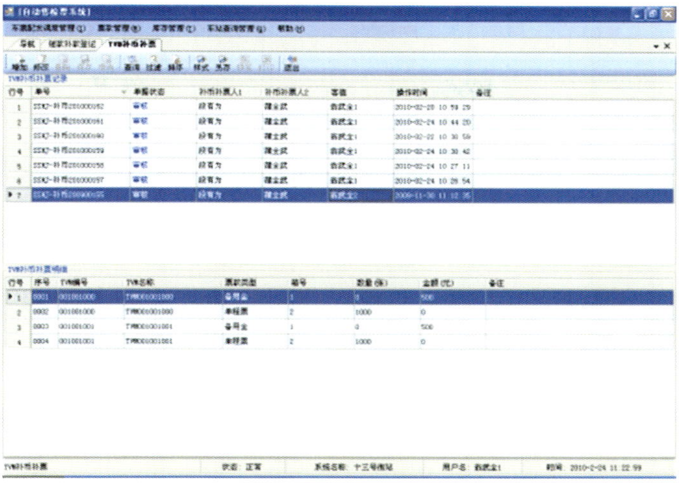

图 1.10　TVM 补币补票主界面示意图

图 1.11　TVM 补币补票编辑界面示意图

1. 添加 TVM 补币补票单

点击工具栏“增加”按钮，弹出编辑界面，选择“补币补票人 1”“补币补票人 2”后，点击“插行”按钮，根据实际情况选择“TVM 编号”（TVM 名称自动显示），选择票款类型（单程票、备用金），输入数量或金额，点击“保存”按钮，将 TVM 补币补票单信息及 TVM 补币补票明细数据录入数据库。

TVM 补币补票业务是一种备用金、单程票出库过程，审核后备用金、单程票库存减少，且产生库存流水记录。

2. 修改 TVM 补币补票单

对已保存，但未被审核、未被作废的 TVM 补币补票单可做如下修改操作：选择主界面中某条 TVM 补币补票数据行，点击工具栏“修改”按钮，弹出编辑界面，此时可重新选择“补币补票人 1”“补币补票人 2”“TVM 编号”“票款类型”，输入数量和金额，点击“保存”按钮，将修改后的 TVM 补币补票信息及 TVM 补币补票明细数据录入数据库。

值得注意的是：目前车站票务管理系统被设置为所有单据都不需要审核，即保存成功后单据状态均是“已审核”，因此车站票务管理系统的单据均不能修改。但是根据运营的实际需要，可以设置为“需要审核”，这时仍然存在“修改单据”的操作。

3. 审核、作废 TVM 补币补票单

车站票务管理系统被设置为不需要审核，也就是说单据保存成功后，单据状态就是“已审核”，不存在单独的审核操作，但是可以作废此单据。

4. 特殊要求

(1) 编辑界面中的票款类型只包括“单程票”“备用金”，不包括其他票卡和票款。

(2) 当票款类型选择成单程票时，“数量”可输入，“金额”不可输入；当票款类型选择成备用金时，“数量”不可输入，“金额”可输入。

(3) 界面上“数量”的输入进行如下限制：只能是数字，最长 8 位，正数。

(4) 界面上“金额”的输入进行如下限制：只能为整数或实数。若为整数，则最长为 6 位，只能输入数字，正数。若为实数，则整数部分最长为 6 位，小数点后最多为 2 位，只能输入数字和小数点，正数。

(5) 编辑界面上选择的“补币补票人 1”和“补币补票人 2”不能为同一人。

(6) 保存时，系统会判断所选择的 TVM 在本结算周期中是否已做过“清空清点”操作，如果是，则不允许操作。

(7) 只有登录人员为当前值班人员时才能进行单据操作，否则无修改权限。

(8) 保存时需判断明细信息是否有相同项，若有，提示用户合并输入。

(9) 编辑界面上不显示“票卡状态”列(字段)，默认保存“有效”。

(10) TVM 补币补票业务为减库，并产生流水记录。

(六) TVM 钱箱回收

TVM 钱箱回收界面及编辑界面分别如图 1.12 和图 1.13 所示。

图 1.12　TVM 钱箱回收主界面示意图

图 1.13　TVM 钱箱回收编辑界面示意图

1. 添加 TVM 钱箱回收单

点击工具栏“增加”按钮，弹出编辑界面，输入记录表单号，选择“操作员 1”“操作员 2”后，点击“插行”按钮，根据实际情况选择“TVM 编号”(TVM 名称自动显示)，输入机器读数和实际金额，点击“保存”按钮，将 TVM 钱箱回收单信息及 TVM 钱箱回收明细数据录入数据库。

值得注意的是：机器读数、实际金额都是需要操作人员手动输入的，机器读数是从设备上读取的值，而实际金额是手动点钞的结果，库存更改以实际金额为准。

TVM 钱箱回收业务是票款入库过程，审核后票款库存增加，且产生库存流水记录。

2. 修改 TVM 钱箱回收单

对已保存，但未被审核、未被作废的 TVM 钱箱回收单可做如下修改操作：选择主界面中某条 TVM 钱箱回收数据行，点击工具栏“修改”按钮，弹出编辑界面，此时可重新输入记录表单号、选择“操作员 1”“操作员 2”“TVM 编号”，重新输入机器读数、实际金额，点击“保存”按钮，将修改后的 TVM 钱箱回收信息及 TVM 钱箱回收明细数据录入数据库。

值得注意的是：目前车站票务管理系统被设置为所有单据都不需要审核，即保存成功后单据状态均是“已审核”，因此车站票务管理系统的单据均不能修改。但是根据运营的实际需要，可以将车站票务管理系统设置为“需要审核”，这时仍然存在“修改单据”的操作。

3. 审核、作废 TVM 钱箱回收单

车站票务管理系统被设置为不需要审核，也就是说单据保存成功后，单据状态就是“已审核”，不存在单独的审核操作，但是可以作废此单据。

(七) TVM 票箱回收

TVM 票箱回收主界面及编辑界面分别如图 1.14 和图 1.15 所示。

1. 添加 TVM 票箱回收单

点击工具栏“增加”按钮，弹出编辑界面，输入记录表单号，选择“操作员 1”“操作员 2”后，点击“插行”按钮，根据实际情况选择“TVM 编号”(TVM 名称自动显示)，输入机器读数和实际数量，点击“保存”按钮，将 TVM 票箱回收单信息及 TVM 票箱回收明细数据录入数据库。

图 1.14　TVM 票箱回收主界面示意图

图 1.15　TVM 票箱回收编辑界面示意图

与 TVM 钱箱回收类似，机器读数、实际数量都是需要操作人员手动输入的，机器读数是从设备上读取的值，而实际数量是手动数钞的结果，库存更改以实际数量为准。

TVM 票箱回收业务是单程票入库过程，审核后单程票库存增加，且产生库存流水记录。

2. 修改 TVM 票箱回收单

对已保存，但未被审核、未被作废的 TVM 票箱回收单可做如下修改操作：选择主界面中某条 TVM 票箱回收数据行，点击工具栏“修改”按钮，弹出编辑界面，此时可重新输入记录表单号，选择“操作员 1”“操作员 2”“TVM 编号”，重新输入机器读数、实际数量，点击“保存”按钮，将修改后的 TVM 票箱回收信息及 TVM 票箱回收明细数据录入数据库。

值得注意的是：目前车站票务管理系统被设置为所有单据都不需要审核，即保存成功后单据状态均是“已审核”，因此车站票务管理系统的单据均不能修改。但是根据运营的实际需要，可以将车站票务管理系统设置为“需要审核”，这时仍然存在“修改单据”的操作。

3. 审核、作废 TVM 票箱回收单

车站票务管理系统被设置为不需要审核，也就是说单据保存成功后，单据状态就是“已审核”，不存在单独的审核操作，但是可以作废此单据。

（八）TVM 清空清点

TVM 清空清点主界面及编辑界面分别如图 1.16 和图 1.17 所示。

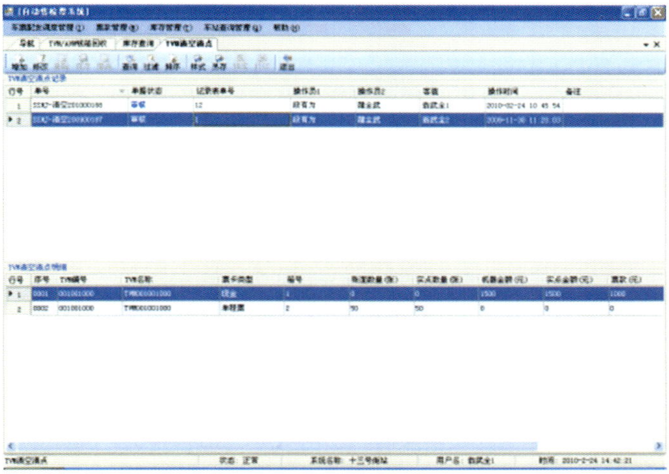

图 1.16　TVM 清空清点主界面示意图

图 1.17　TVM 清空清点编辑界面示意图

1. 添加 TVM 清空清点单

点击工具栏“增加”按钮，弹出编辑界面，输入记录表单号，选择“操作员 1”“操作员 2”后，点击“插行”按钮，根据实际情况选择欲清空清点的“TVM 编号”（TVM 名称自动显示）、“票卡类型”（单程票、现金），输入机器读数和实际数量或机器金额和实际金额，点击“保存”按钮，将 TVM 清空清点单信息及 TVM 清空清点明细数据录入数据库。

机器读数、实际数量、机器金额、实际金额都是需要操作人员手动输入的，机器读数、机器金额是从设备上读取的值，而实际数量、实际金额是手动数钞的结果，库存更改以实际数量为准。

值得注意的是：若票卡类型选择的是现金，则系统会对现金进行拆分，拆分的原则是先填平该TVM上次清点之后补的备用金，剩余的算作票款。

TVM清空清点业务是单程票、票款、备用金入库过程，审核后单程票、票款、备用金库存增加，且产生库存流水记录。

2. 修改TVM清空清点单

对已保存，但未被审核、未被作废的TVM清空清点单可做如下修改操作：选择主界面中某条TVM清空清点数据行，点击工具栏“修改”按钮，弹出编辑界面，此时可重新输入记录表单号，选择“操作员1”“操作员2”“TVM编号”，重新输入机器读数、实际数量、机器金额、实际金额，点击“保存”按钮，将修改后的TVM清空清点及TVM清空清点明细数据录入数据库。

值得注意的是：目前车站票务管理系统被设置为所有单据都不需要审核，即保存成功后单据状态均是“已审核”，因此车站票务管理系统的单据均不能修改。但是根据运营的实际需要，可以将车站票务管理系统设置为“需要审核”，这时仍然存在“修改单据”的操作。

3. 审核、作废TVM清空清点单

车站票务管理系统被设置为不需要审核，也就是说单据保存成功后，单据状态就是“已审核”，不存在单独的审核操作，但是可以作废此单据。

五、考核与评价

实操环节由学生、教师和系统进行评分，通过系统评价，学生互评、自评，教师点评，实现多元综合评价，实训总成绩＝组间互评（18％）＋教师评分（25％）＋系统评分（50％）＋进步评分（7％）。

六、思考与习题

（1）简述自动售票机结构。
（2）简述自动售票机功能。

任务二　自动检票机运用

一、实训目的

（1）掌握自动检票机票箱及钱箱的更换、补币补票、清空清点的操作。
（2）掌握自动检票机维护、票箱更换的操作。

二、实训设备和知识准备

1. 实训设备

自动检票机一台。

2. 知识准备

自动检票机结构;自动检票机功能。

三、实训任务

(1) 自动检票机开机和自动检票机关机。

(2) 票卡操作。

(3) 自动检票机登录。

(4) 自动检票机票箱切换和票箱操作。

(5) 自动检票机票箱更换。

AGM 设备操作

四、实训指导

(一) 开机与关机

打开自动检票机进站左侧维护门后,可以发现在自动检票机内部安装有主控制板和电源箱。在电源箱上安装有启动开关,推动启动开关就可以完成上电工作。

自动检票机上电后,自动检票机会自动启动操作系统和自动检票程序,无需人工干预。自动检票机自动启动界面如图 1.18 所示。

图 1.18　自动启动界面

关机的方法与开机的方法相似,不同的是首先由车站服务器向自动检票机发送一个关机命令,在扇门收起后就可以推动电源箱上的启动开关下电了。

（二）票卡操作

1. 欢迎界面

开机后如果设备工作正常，设备的显示屏会显示欢迎使用界面或暂停使用界面。进站方向欢迎界面如图 1.19 所示，出站方向欢迎界面如图 1.20 所示，暂停使用界面如图 1.21 所示。

2. 票卡使用方法

单程票，进站时在读卡器上刷卡，出站时投入回收口；储值卡，在进出站时都需要在读卡器上刷卡。一次入站刷卡、一次出站刷卡为一个合法周期，一张票不能在一个通行方向多次刷卡。暂停使用界面如图 1.21 所示。

在使用有效票正确刷卡后，设备会将界面切换到允许通行界面，并且在单程票进站或储值卡进出站的情况下会显示票卡内的金额。允许通行界面如图 1.22 所示。

图 1.19　进站欢迎界面

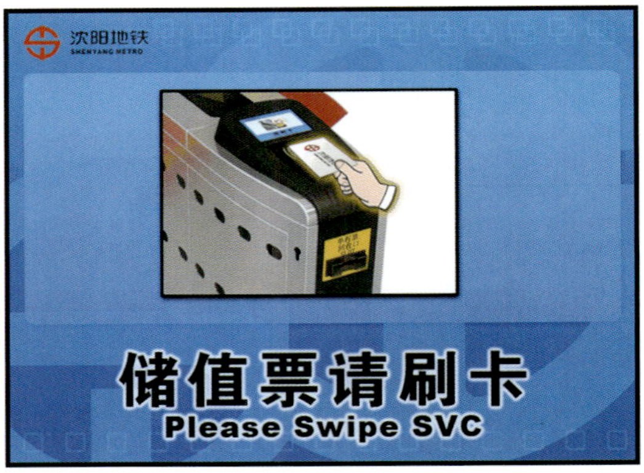

图 1.20　出站欢迎界面

图 1.21　暂停使用界面

图 1.22　允许通行界面

在界面切换后绿色报警灯和方向指示灯会闪烁一次，同时蜂鸣器也会蜂鸣一次。如果是双向自动检票机，与通行方向相反方向的允许通行指示会变成禁止通行指示。

3. 错误票卡处理

错误票卡使用有以下三种情况：

(1) 刷卡过快造成数据处理不能及时完成，这种情况下界面会显示“请重新刷卡”，如图

1.23 所示。

(2) 使用无效票刷卡，这种情况下界面会显示“无效票，请咨询票务处”，如图 1.24 所示。

图 1.23　重新刷卡界面

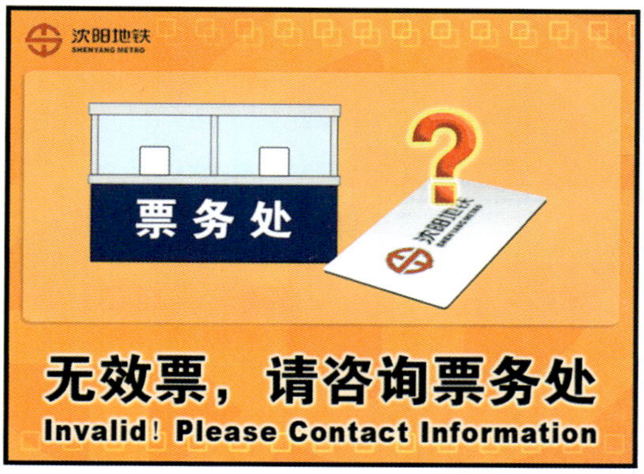

图 1.24　无效票界面

(3) 单程票没有投入回收口，在上面板刷卡出站的情况下，显示屏界面会显示“请放入回收口”，如图 1.25 所示。

4. 等待状态

对于双向自动检票机，如果有一个方向上有行人刷卡，另一个方向则进入等待状态，界面显示等待通行界面，如图 1.26 所示。

图 1.25　请放入回收口界面

图 1.26　等待通行界面

（三）登录

打开自动检票机维护门后，自动检票机进入维护状态。显示界面进入维护登录界面，如图 1.27 所示，可以用维护键盘输入用户名和密码，如用户名 000001，密码 20082008。

如果登录成功，维护程序进入主界面，如图 1.28 所示。

如果登录失败，可以再次登录，如图 1.29 所示。

最多可以尝试登录三次，三次登录失败则设备报警，如图 1.30 所示。

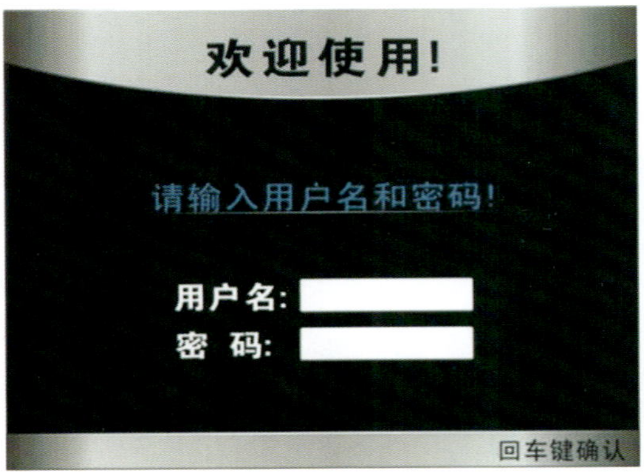

图 1.27　登录界面

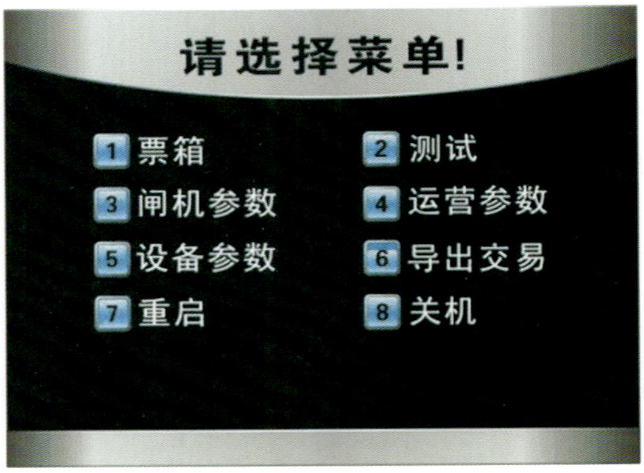

图 1.28　菜单

图 1.29　新登录界面

图 1.30　登录失败界面

若登录超出了设备设定的响应时间,将进入超时报警状态,如图 1.31 所示。

(四)票箱切换和票箱操作

在票箱设置中可以查看票箱中票卡的数量,进行票箱切换和票箱更换操作,如图 1.32 所示。

图 1.31　登录超时界面

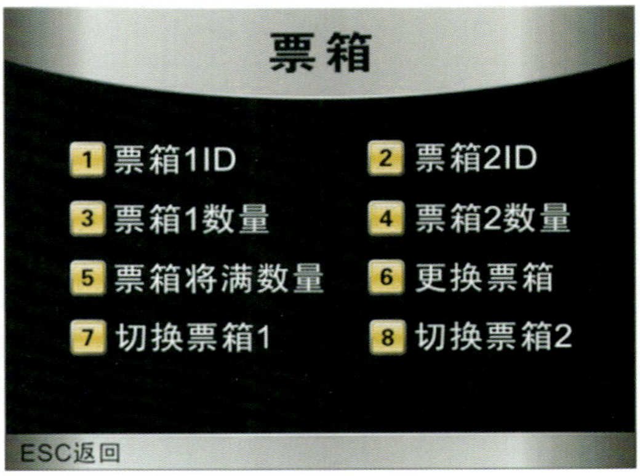

图 1.32　票箱操作界面

（五）更换票箱

打开回收装置侧边维护门→输入用户名和密码后登录进入维护界面→使用回收装置上的按钮或使用更换票箱界面中的弹出票箱将票箱的托盘降到票箱底部→用钥匙锁住票箱机械锁→取下票箱→将新票箱安装到回收装置上→打开票箱机械锁→使用回收装置上的按钮或使用更换票箱界面中的装回票箱将票箱托盘升到票箱顶部→进入票箱数量界面将票卡计数清零→关闭维护门。

更换票箱界面如图 1.33 所示。

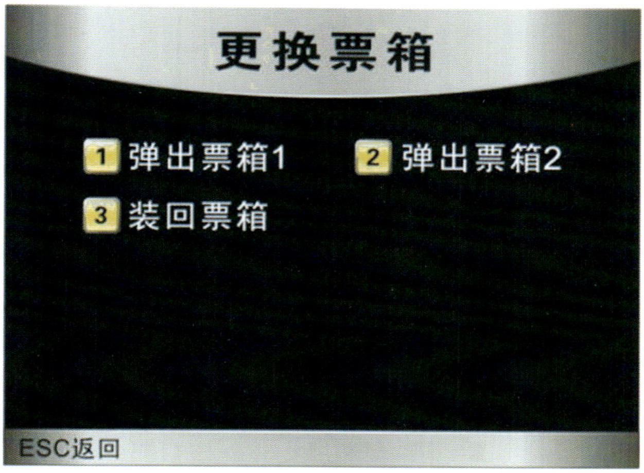

图 1.33　更换票箱界面

五、考核与评价

实操环节由学生、教师和系统进行评分，通过系统评价，学生互评、自评，教师点评，实现多元综合评价，实训总成绩＝组间互评（18％）＋教师评分（25％）＋系统评分（50％）＋进步评分（7％）。

六、思考与习题

（1）简述自动检票机结构。
（2）简述自动检票机功能。

任务三　半自动售票机运用

一、实训目的

通过本实训，掌握半自动售票机的售票、充值、验票、退票及补票等操作方法。

二、实训设备和知识准备

1. 实训设备

半自动售票机一台。

2. 知识准备

半自动售票机结构；半自动售票机功能。

三、实训任务

(1) 半自动售票机的启动和登录。

(2) 半自动售票机售单程票、储值票和储值卡充值。

(3) 半自动售票机验票。

(4) 半自动售票机退票。

(5) 半自动售票机补票。

(6) 半自动售票机系统锁定和退出登录。

四、实训指导

BOM 设备操作

(一) 半自动售票机系统的启动和登录

双击位于桌面的半自动售票机(BOM)软件启动程序，启动 BOM 系统。系统将进入登录界面，如图 1.34 所示。

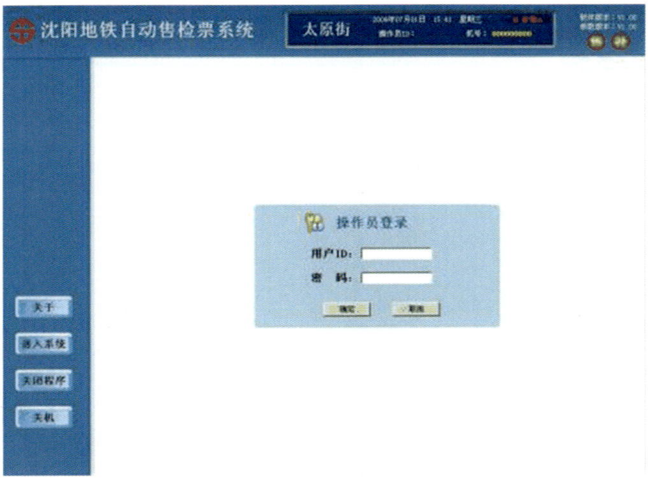

图 1.34 BOM 登录界面

在登录界面，输入用户名和密码，即可进入用户操作主界面，主界面默认为售单程票操作界面，如图 1.35 所示。登录完毕，用户可以通过界面左侧的功能按钮来选择使用某项功能。

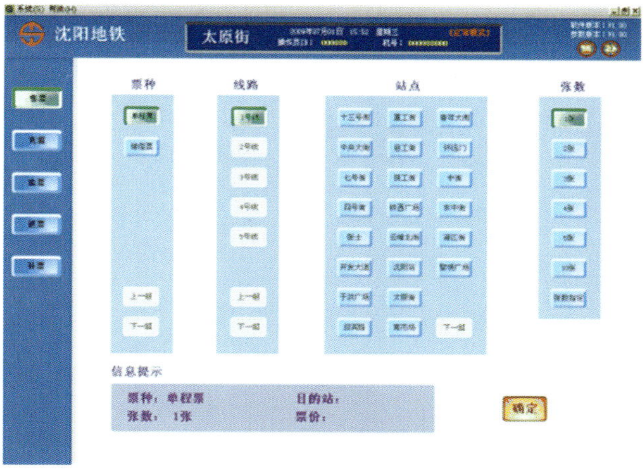

图 1.35　BOM 主界面

（二）BOM 售单程票、储值票与储值卡充值

1. 售单程票

在主界面，用户依次按下“售票”“单程票”按钮，则可以进行单程票的出售。用户在“站点”栏选择目的地站点，在“张数”栏选择出售的张数(如图 1.36 所示)；用户也可以通过单击“张数指定”来手工输入购票张数(如图 1.37 所示)。确定了目的地站点和购票张数后，用户依次将票卡放在 BOM 的读写卡器上，在界面上点击右下角的“确定”按钮，即可取得车票。

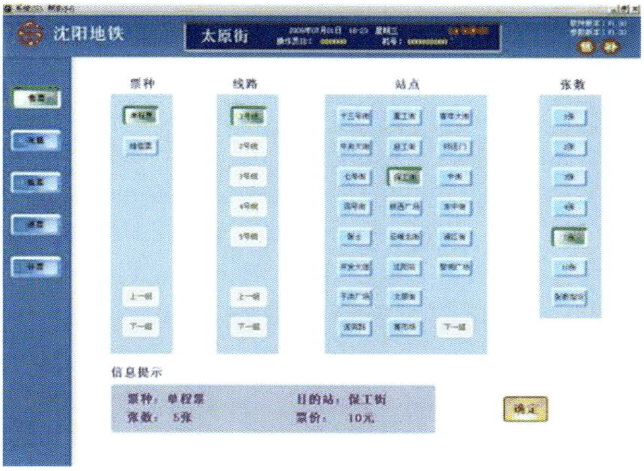

图 1.36　出售单程票

2. 售储值票

用户依次按下“售票”“储值票”按钮，则可以进行储值票的出售(如图 1.38 所示)；用户也可以通过单击“张数指定”来手工输入购票张数。确定了目的地站点和购票张数后，用户将待售的储值卡放在 BOM 的读写卡器上，在界面上点击右下角的“确定”按钮，即可取得储值票。

3. 储值卡充值

用户将需要充值的储值卡放在 BOM 的读写卡器上，然后按下“充值”按钮，则可以进行储值票的充值(如图 1.39 所示)。

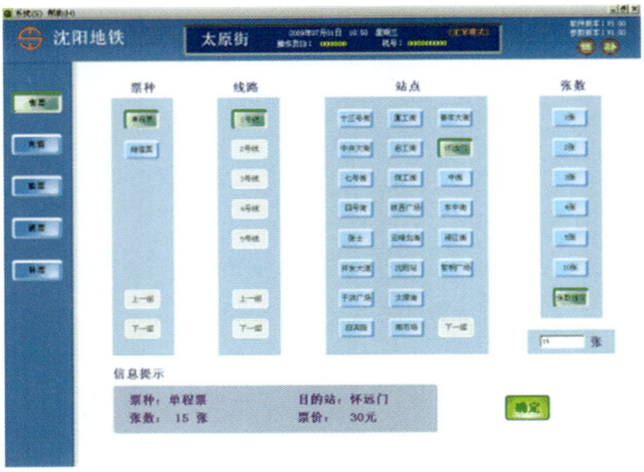

图 1.37　手工输入购票张数

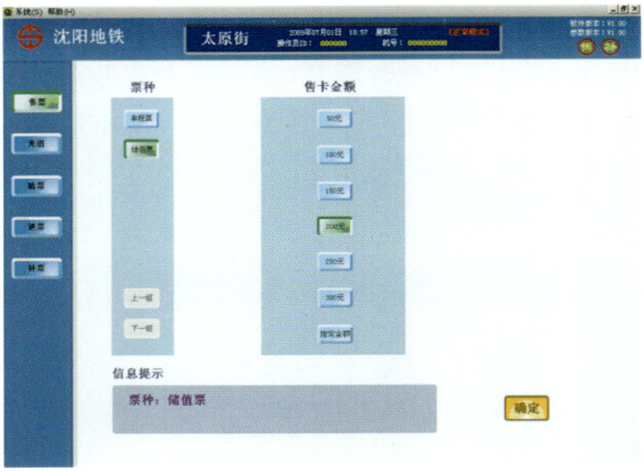

图 1.38　出售储值票

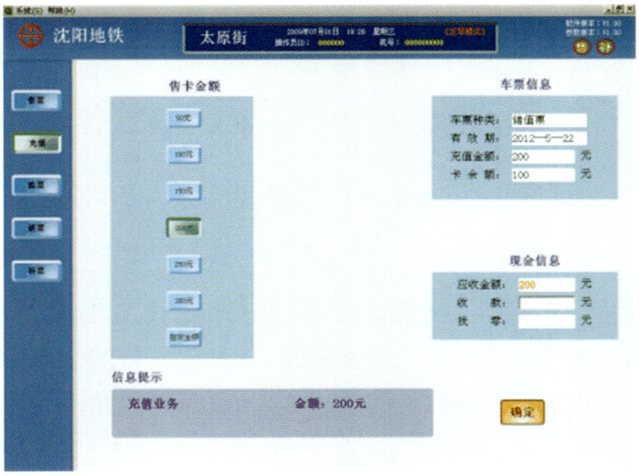

图 1.39　储值票充值

在储值票充值界面下，用户也可以单击“充值”按钮来确定充值金额，也可以单击“指定金额”按钮手工输入金额。

（三）BOM 验票

按下“验票”按钮，即可进入验票界面，如图 1.40 所示。

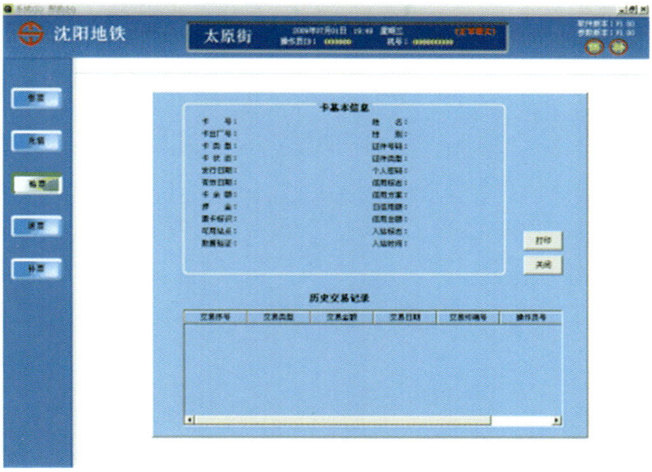

图 1.40　验票界面

用户将需要验票的票卡放在 BOM 的读写卡器上，屏幕上即可显示票卡的相关信息，图 1.41 所示为储值票的验票信息。

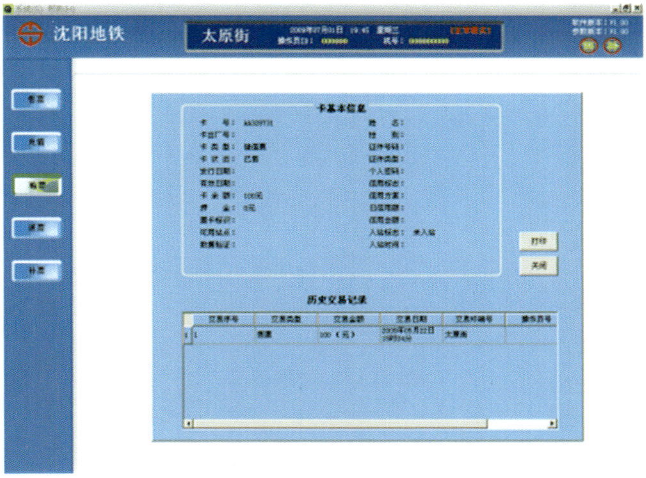

图 1.41　储值票验票

在验票界面下，点击“打印”按钮即可打印验票信息；点击“关闭”按钮则退出验票界面。

（四）BOM 退票

将需要退票的票卡放在 BOM 读写卡器上，按下“退票”按钮，即可进入退票界面进行退票操作。选择了相应的选项后，单击退票界面内的“退票”按钮即可完成退票操作，如图 1.42 所示。

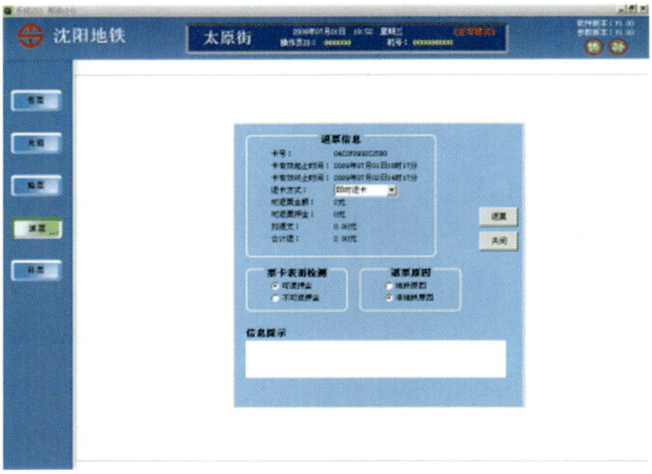

图 1.42　退票界面

（五）BOM 补票

单击“补票”按钮，即可进入补票界面，如图 1.43 所示；选择补票方式，并根据运营规则判断应收金额，然后点击补票界面内的“补票”按钮就可以完成补票操作。

图 1.43　补票界面

（六）系统锁定和用户登出

登录的用户可以通过选择菜单“系统”→“系统锁定”对系统进行锁定，如图 1.44 所示；系统锁定后的界面如图 1.45 所示；可以输入当前管理员的密码，点击“登录”按钮重新进入系统主界面（如图 1.35 所示）；也可以单击登出，回到系统登录界面（如图 1.34 所示）。

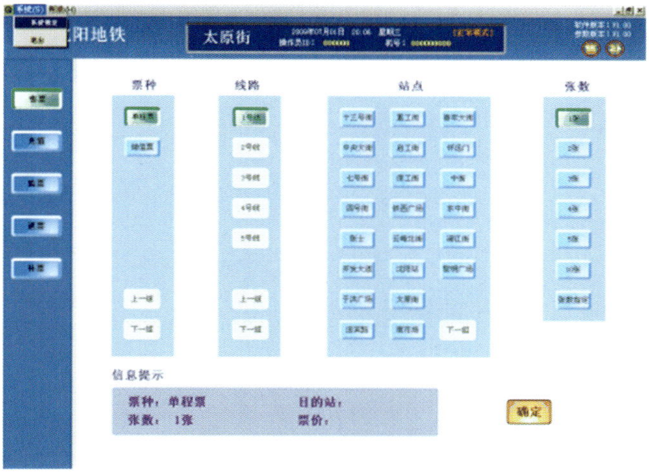

图 1.44　选择系统锁定

图 1.45　系统锁定

五、考核与评价

实操环节由学生、教师和系统进行评分，通过系统评价，学生互评、自评，教师点评，实现多元综合评价，实训总成绩＝组间互评(18%)＋教师评分(25%)＋系统评分(50%)＋进步评分(7%)。

六、思考与习题

(1) 简述半自动售票机结构。
(2) 简述半自动售票机功能。

任务四　自动查询机

一、实训目的

通过本实训，掌握自动查询机的使用方法。

二、实训设备和知识准备

1. 实训设备

自动查询机一台。

2. 知识准备

自动查询机结构；自动查询机功能。

三、实训任务

自动查询机的操作。

四、实训指导

将 IC 卡放在读卡器上，即可查询到卡内信息，显示界面如图 1.46 所示。

图 1.46　自动查询机操作界面

五、考核与评价

实操环节由学生、教师和系统进行评分，通过系统评价，学生互评、自评，教师点评，实现多元综合评价，实训总成绩＝组间互评（18％）＋教师评分（25％）＋系统评分（50％）＋进步评分（7％）。

六、思考与习题

（1）简述自动查询机的结构。

（2）简述自动查询机的功能。

项目二　站台门操作

一、实训目的

（1）了解乘客室门与站台门综合控制台。

（2）能用综合控制台控制乘客室门和站台门动作。

（3）掌握站台门四级控制的优先权。

二、实训设备与知识准备

1. 实训设备

一套站台门，如图 2.1 所示；乘客室门与站台门综合控制台，如图 2.2 所示。

图 2.1　站台门

2. 知识准备

（1）站台门的门体分类。

（2）站台门的四级五种控制方式。

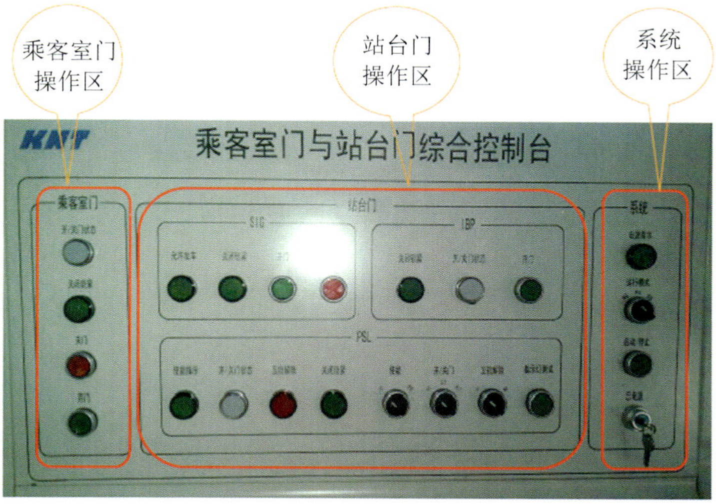

图 2.2　综合控制台操作面板

三、实训任务

(1) 站台门与客室门的联动控制。
(2) 系统级对站台门的控制。
(3) 就地控制盘对站台门的控制。
(4) 综合后备盘对站台门的控制。
(5) 手动级对站台门的控制。

四、实训指导

站台门系统

(一) 乘客室门与站台门综合控制台

综合控制台面板如图 2.2 所示，一共分成 3 大功能块：系统操作区、站台门操作区、乘客室门操作区。其中，系统操作区有一钥匙开关，实现控制台的上电操作；一个“启动/停止”按钮；一个“运行模式”选择的三档旋钮，可以分别选择“单控”“联动”“自动”3 种运行模式。在“单控”模式下，乘客室门和站台门可以分别单独操作，互不影响。在“联动”模式下只可以通过“乘客室门”区域的“开门”“关门”按钮来同时控制乘客室门和站台门的动作。在“自动”模式下所有按钮都不起作用，乘客室门和站台门实现同步动作，大约 12 s 开门一次，保持 12 s 后再关门，循环执行。进行模式切换时都执行关门动作。

站台门操作区又分成了 3 个小区域：“SIG”“IBP”“PSL”。其中，“IBP”表示车站控制室的紧急操作，它的优先级最高。“PSL”表示各个站台上面的控制，它的优先级比“SIG”高，但比“IBP”低。“SIG”表示自动信号系统的控制，其优先级最低，平常都是通过“SIG”来控制门的动作。“IBP”区域中只有一个“开门”按钮，另外还有一个“关闭锁紧”指示灯及一个“开/关门状态”指示灯。“PSL”区域有 4 个指示灯，分别是“使能指示”“开/关门状态”“互锁解除”和“关闭锁紧”；3 个旋钮，分别是“使能”“开/关门”和“互锁解除”；一个“指示灯测试”按钮。

“SIG”区域有两个按钮，分别是“开门”和“关门”；两个指示灯，分别是“允许发车”和“关闭锁紧”。站台门区域所有的“关闭锁紧”指示灯都是并联的，而“开关门状态”指示灯是双色灯，也是并联的，绿色状态表示开门，红色状态表示关门。

乘客室门区域有两个按钮，分别是“开门”和“关门”；两个指示灯，分别是“开/关门状态”和“关闭锁紧”。

（二）操作综合控制台控制乘客室门及站台门的开关

1. 指示灯测试

指示灯测试按钮位置分布如图 2.3 所示。

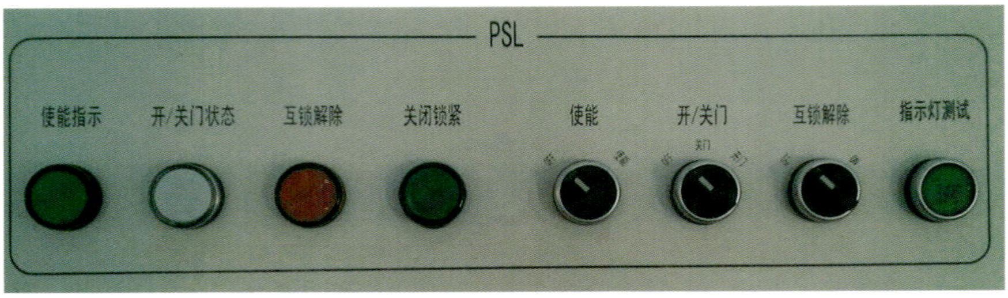

图 2.3 指示灯测试按钮位置分布

在系统区域的“启动/停止”按钮没按下情况下可以进行指示灯测试。方法：将“使能”旋钮打到“使能”位置，按下“指示灯测试”按钮，此时所有站台门区域的指示灯及带灯的按钮都开始闪烁，次数为 5 次，如图 2.4 所示。

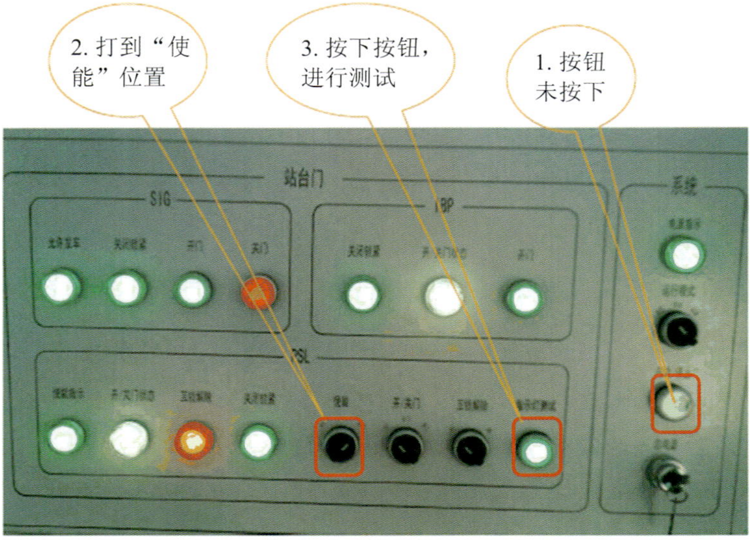

图 2.4 指示灯测试情况

将系统区域的“启动/停止”按钮按下，使其指示灯点亮才可以进行开关门操作，如图 2.5 所示。

2. “单控”模式下操作

（1）站台门操作

站台门四档钥匙开关如图 2.6 所示。

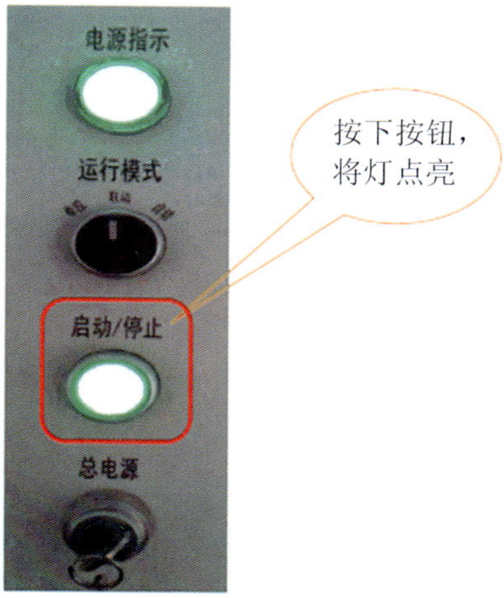

图 2.5　按下“启动/停止”按钮

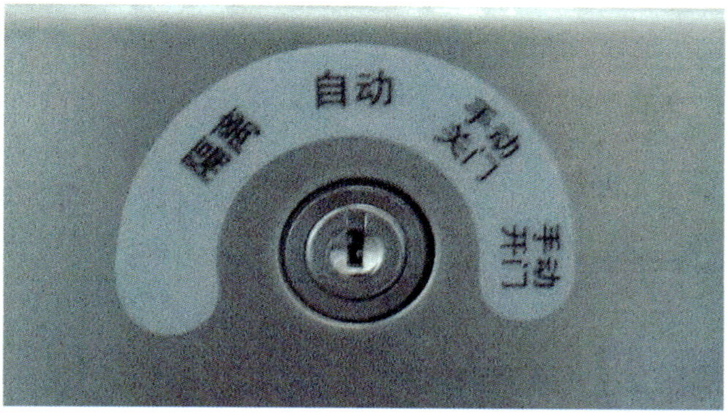

图 2.6　站台门四档钥匙开关

在进行站台门操作前，必须将旋钮打到“自动”位置；而在“隔离”位置时，不能通过控制台来控制站台门的动作；“手动关门”“手动开门”位置则可以进行站台门的关闭与打开动作。

① 按下“IBP”区域“开门”按钮，则站台门打开，再按一次“开门”按钮，则站台门关闭。

② 在“IBP”区域的“开门”按钮灯不亮时，可以用“PSL”区域的旋钮来进行开关门操作。具体方法：将“使能”旋钮打到“使能”位置，此时再通过“开/关门”三档旋钮进行开关门动作。

③ 在“IBP”区域的“开门”按钮灯不亮并且“PSL”区域的“使能”旋钮在“OFF”位置，或“开/关门”旋钮在“OFF”位置时，“SIG”区域的“开门”“关门”按钮有效。可以通过“开门”按钮开门，“关门”按钮关门。

3. “联动”模式下操作

在“联动”模式下，可以通过乘客室门区域的“开门”“关门”按钮来同时控制乘客室门和站台门的动作，此时站台门区域的所有按钮、旋钮无效。

4. “自动”模式下操作

在“自动”模式下，所有按钮都不起作用，乘客室门和站台门实现同步动作，大约 12 s 开门一次，保持 12 s 后再关门，循环执行。进行模式切换时都执行关门动作。

（三）相关现象解读

乘客室门罩板上有一黄色的 DC 110 V 指示灯，如图 2.7 所示，当门有动作时，该灯会闪烁。站台门罩板上也有一长条形的红色指示灯，如图 2.8 所示，当门在动作时，该灯闪烁，门开到位后灯长亮，门关到位后灯不亮。当乘客室门关闭锁紧后，综合控制台上乘客室门区域的“关闭锁紧”指示灯会亮，乘客室门操作面板上的“关闭锁紧”指示灯也会亮起来，如图 2.9 所示。当乘客室门关闭锁紧并且站台门也关闭锁紧后，“允许发车”指示灯点亮，表示可以发车了。如果乘客室门关闭锁紧了，但站台门没有关闭锁紧，想要“允许发车”指示灯亮怎么办？此时我们可以将“使能”旋钮打在“使能”位置，同时将“互锁解除”旋钮打在“ON”位置，这样就可以让“互锁解除”指示灯亮起，如图 2.10 所示。

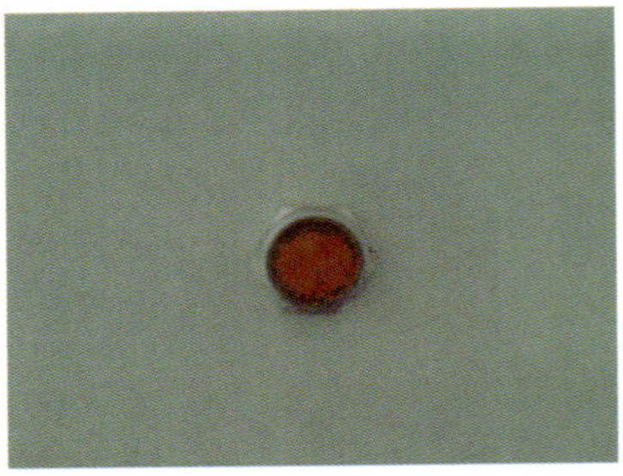

图 2.7　乘客室门开关门指示灯

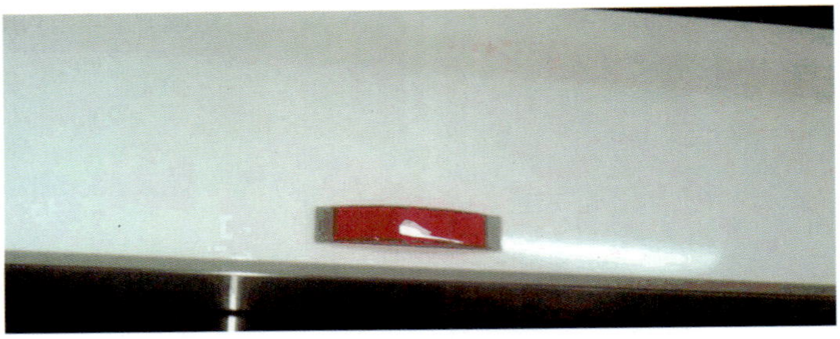

图 2.8　站台门开关门指示灯

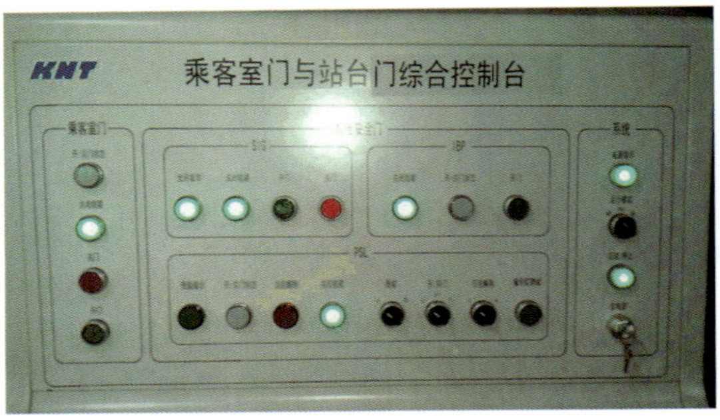

图 2.9　关闭锁紧指示

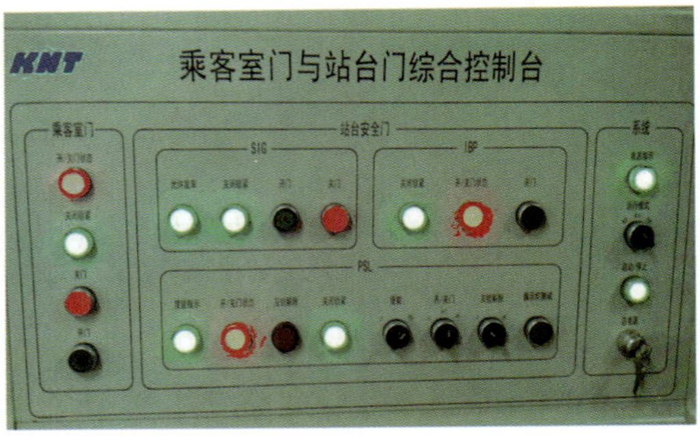

图 2.10　开关门状态指示

五、考核与评价

实操环节由学生、教师和系统进行评分，通过系统评价，学生互评、自评，教师点评，实现多元综合评价，实训总成绩＝组间互评（18％）＋教师评分（25％）＋系统评分（50％）＋进步评分（7％）。

六、思考与习题

（1）站台门的控制方式有哪些？
（2）站台门四级控制的优先级是如何规定的？

项目三　综合后备盘操作

一、实训目的

(1) 了解综合后备盘(IBP 盘)的构成。
(2) 掌握 IBP 盘的功能。
(3) 掌握在紧急情况下 IBP 盘的操作方法。

二、实训设备与知识准备

1. 实训设备

一套 IBP 盘系统,如图 3.1 所示。

图 3.1　IBP 盘

2. 知识准备

(1) IBP 盘的功能。
(2) IBP 盘盘面模块的划分。

三、实训任务

(1) 隧道紧急通风系统模块操作。
(2) 环境与设备监控系统模块操作。

(3) 站台门系统模块操作。
(4) 电扶梯系统模块操作。
(5) 自动售检票系统模块操作。
(6) 门禁系统模块操作。
(7) 信号系统模块操作。

四、实训指导

IBP 盘操作

(一) 系统开机与关机

1. 系统开机

手动打开 IBP 盘台体后侧门，合上 IBP 盘主电源断路器，各系统自动启动。

2. 系统关闭

系统关闭对应三个系统，分别用“ESC”键退出应用程序，手动通过鼠标键盘关闭三台计算机，待机器全关闭后断开主电源断路器。

(二) 隧道紧急通风区域

隧道紧急通风区域如图 3.2 所示。

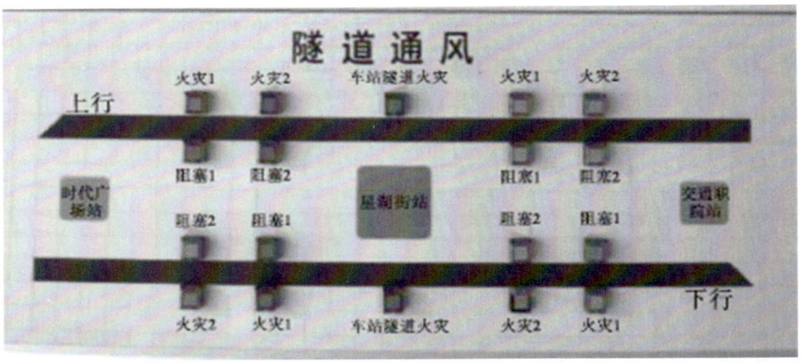

图 3.2 隧道紧急通风控制模块

隧道通风主要有三个作用：排烟(主要作用)、提供一定的新风、引导乘客疏散。

(1) “火灾 1”“火灾 2”按钮。这是在区间内进行的物理划分，把区间划分为若干个分区，根据区间发生火灾位置的不同，听从控制中心调度员的命令，按下相应的上行或下行的“火灾 1”“火灾 2”按钮，启动相应的风机和风阀。环控系统(BAS)转为执行区间火灾模式。

(2) “阻塞 1”“阻塞 2”按钮。当列车在区间内停留超过 2 min 时，就要启动相应的阻塞模式。根据列车阻塞在区间的位置，听从控制中心调度员的命令，按下相应的上行或下行的“阻塞 1”“阻塞 2”按钮，启动相应的风机和风阀。BAS 转为执行阻塞模式。

(3) “车站隧道火灾”按钮。在车站站台范围着火的情况下，按下相应的“车站隧道火灾”按钮，BAS 转为执行车站隧道火灾模式。

(三) 环境与设备监控区域

IBP 盘环境与设备监控区域盘面如图 3.3 所示。

1. 按钮介绍

(1) 手动自动转换开关。当手动自动转换开关位于自动位置时，车站环控系统为 BAS

自动控制，车站环控区域的按钮按下无效。当手动自动转换开关位于手动位置时，车站环控系统为 IBP 盘紧急控制，车站环控区域的按钮有效。

（2）“正常模式恢复”按钮。当车站环控区域的紧急模式执行完成后，可以按下该按钮，以恢复车站通风空调系统的正常运行。

（3）“试灯”按钮。按下“试灯”按钮，该区域所有指示灯全亮，按钮复位后指示灯熄灭。

2. 环境与设备监控区域操作

当站厅与站台的某一地点发生火情且 BAS 自动模式无法启动时，首先将钥匙打到手动位，手动状态灯亮起，激活 IBP 盘，然后再点击相应起火地点的按钮。

多个地点火灾时可以同时按压多个地点对应的按钮，当要取消时，可以将上述按压的按钮一一复位，也可以直接按压绿色的复位按钮，按压绿色的复位按钮后则之前的所有操作全部取消。在结束操作后，将钥匙打到自动位，恢复 BAS 的自动监控模式，自动状态灯亮起。

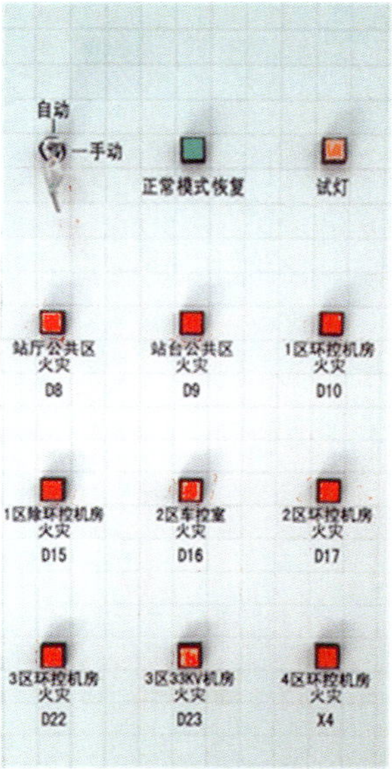

图 3.3　IBP 盘环境与设备监控区域

（四）站台门区域

IBP 盘站台门系统盘面如图 3.4 所示。

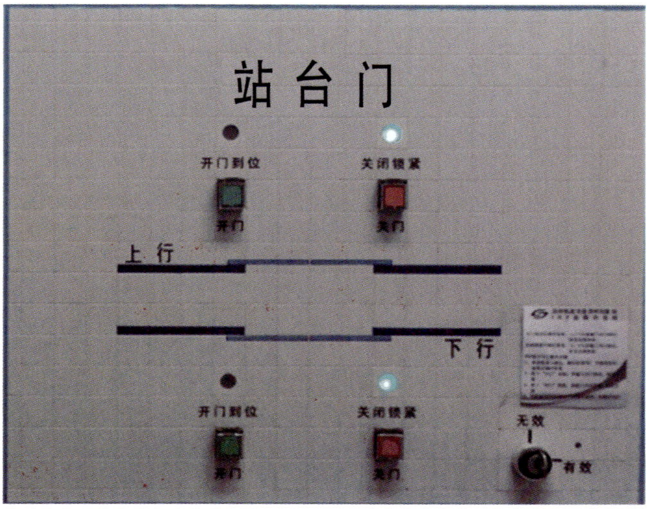

图 3.4　IBP 盘站台门区域

1. 按钮介绍

（1）手动自动转换开关。当手动自动转换开关位于无效位置时，站台门区域的按钮按下无效；当手动自动转换开关位于有效位置时，站台门系统为 IBP 盘紧急控制，站台门区域的按钮有效。

（2）开门到位指示灯。当相应侧站台门开启且到位时，该指示灯亮；当相应侧站台门关闭时，该指示灯灭。

(3) 关闭锁紧指示灯。当相应侧站台门关闭且锁紧时，该指示灯亮；当相应侧站台门开启时，该指示灯灭。

2. 站台门模块操作

正常运营情况下，站台门的开闭处于系统级的控制，实现自动开关。当车站发生火灾或在其他紧急情况下，站台门的开闭由 IBP 盘进行控制。具体操作如下：

(1) 将站台门模块钥匙插进锁孔，旋转至“有效”位置时，“有效”一端的灯亮起。激活 IBP 盘。

(2) 开关门操作。

① 开启一侧站台门：按下对应的绿色“开门”按钮，此时站台相应侧的站台门全部打开(滑动门打开)；同时，“关闭锁紧”灯熄灭，开门到位后，“开门到位”灯亮起。

② 关闭一侧站台门：按下对应的红色“关门”按钮，此时站台相应侧的站台门全部关闭(滑动门关闭)；同时，“开门到位”灯熄灭，关门到位后，“关闭锁紧”灯亮起。

(3) 操作完成后，将钥匙从“有效”位置旋转回“无效”位置，恢复站台门的系统级控制模式。

(五) 自动扶梯及电梯区域

IBP 盘电扶梯区域盘面如图 3.5 所示。

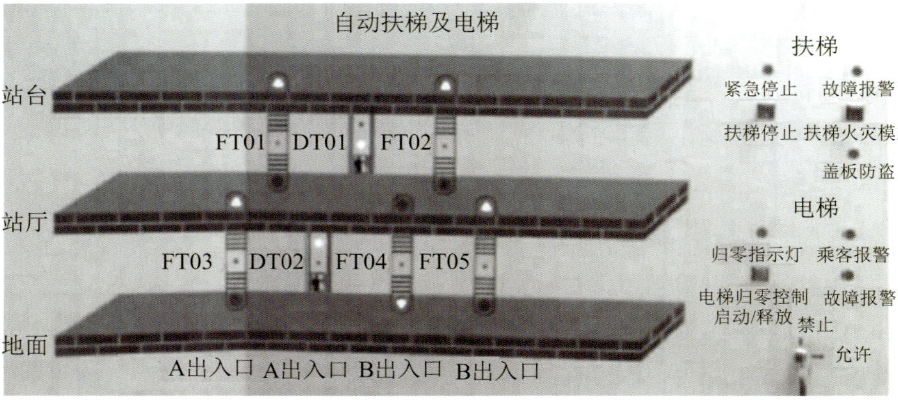

图 3.5 自动扶梯及电梯区域

1. 按钮介绍

(1) 手动自动转换开关。当手动自动转换开关位于禁止位置时，自动扶梯及电梯区域的按钮按下无效。当手动自动转换开关位于允许位置时，自动扶梯及电梯系统为 IBP 盘紧急控制，自动扶梯及电梯区域的按钮有效。

(2) 盖板被盗声光报警灯。当出入口自动扶梯盖板被盗声光报警灯闪亮的时候，说明出入口自动扶梯盖板可能被盗窃。当出入口自动扶梯盖板恢复正常后，声光报警灯熄灭。

(3) “扶梯停止”按钮。紧急情况下可按压该红色按钮，达到使自动扶梯紧急停止的目的。同时 BAS 扶梯监视界面发生相应动作。由于无法现场确认扶梯上是否有乘客，而且扶梯不存在缓停，因此禁止在非紧急情况下使用“扶梯停止”操作。

(4) “扶梯火灾模式”按钮。发生火灾时可按压该红色按钮，非疏散功能的扶梯停止运行，疏散功能的扶梯继续运行。

(5)“电梯归零控制”按钮。发生紧急情况时，保证电梯回到基站。

2. 自动扶梯与电梯模块操作

正常运营情况下，自动扶梯及电梯均采用就地控制方式。当车站发生火灾或在其他紧急情况下，自动扶梯及电梯由 IBP 盘进行控制。具体操作如下：

(1) 将自动扶梯及电梯模块钥匙插进锁孔，旋转至“允许”位置时，“允许”一端的灯亮起，激活 IBP 盘。

(2) 自动扶梯操作。如发生火灾，则按压“扶梯火灾模式”按钮；如发生其他紧急情况，则按压“扶梯停止”按钮。

(3) 电梯操作。发生紧急情况时，按压“电梯归零控制”按钮。操作完成后，将钥匙从“允许”位置旋转回“禁止”位置，恢复正常控制模式。

(六) 自动售检票区域

自动售检票(AFC)区域如图 3.6 所示。

当 AFC 闸机“紧急释放”按钮按下后，AFC 系统执行紧急释放模式，站内闸机全部开启，AFC 闸机“紧急释放”按钮指示灯亮，再次按下“紧急释放”按钮，按钮复位，“紧急释放”按钮指示灯熄灭。AFC 闸机执行正常模式。

(七) 门禁区域

门禁区域如图 3.7 所示。

图 3.6　AFC 区域

图 3.7　门禁区域

当门禁“紧急释放”按钮按下后，门禁系统执行紧急释放模式，站内门禁全部开启，门禁“紧急释放”按钮指示灯亮。再次按下按钮，按钮复位，“紧急释放”按钮指示灯熄灭，门禁执行正常模式。

(八) 信号模块

IBP 盘信号系统盘面如图 3.8 所示。

1. 按钮介绍

(1) 手动自动钥匙开关。当手动自动钥匙开关位于自动位置时，信号系统为自动列车监视系统(ATS)自动控制，信号区域的按钮按下无效。当手动自动钥匙开关位于手动位置时，信号系统为 IBP 盘紧急控制，信号区域的按钮有效。

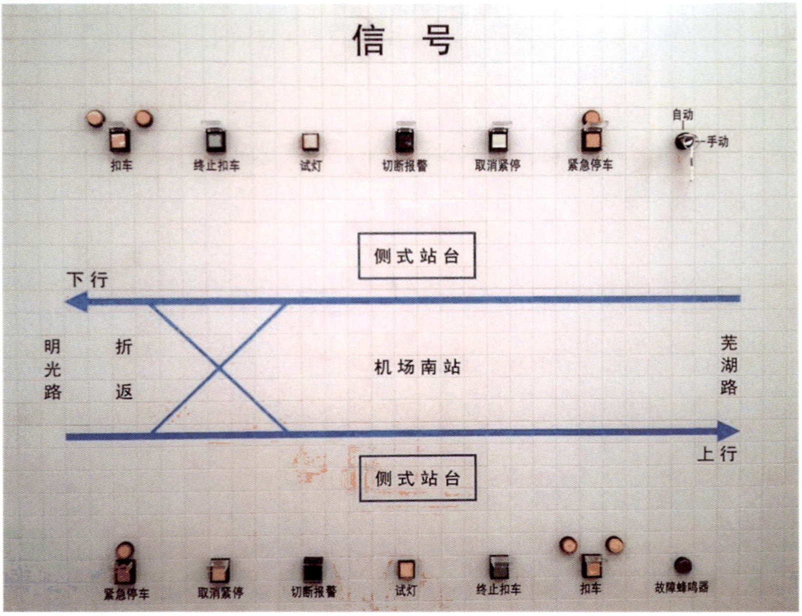

图 3.8 IBP 盘信号系统盘

(2) 扣车指示灯(红灯)。当 IBP 盘"扣车"按钮按下,扣车指令发出的时候,扣车指示灯(红灯)亮,同时黄灯灭。

(3) 扣车指示灯(黄灯)。当 ATS 系统处于正常状态时,黄灯常亮。

(4) "扣车"按钮。当 IBP 盘"扣车"按钮按下,扣车指令发出,扣车指示灯(红灯)亮,同时黄灯灭。ATS 系统接收到"扣车"按钮的指令后,控制列车停扣在该站站台,列车不允许发车。

(5) "终止扣车"按钮。当需要终止扣车时,按下"终止扣车"按钮,终止扣车指令发出,扣车指示灯(红灯)灭,同时黄灯亮。ATS 系统接收到"终止扣车"按钮的指令后,恢复正常模式,控制列车恢复正常运行,允许根据 ATS 系统的判断发车。

(6) "试灯"按钮。按下"试灯"按钮,信号区域所有指示灯全亮,按钮复位后指示灯熄灭。

(7) "切断报警"按钮。当蜂鸣器报警时,按下此按钮,可以停止蜂鸣器报警。

(8) "取消紧停"按钮。当需要取消紧急停止时,按下"取消紧停"按钮后,取消紧停信号发出,紧急停车指示灯(红灯)灭。ATS 系统接收到"取消紧停"按钮的命令后,恢复正常模式,控制列车恢复正常运行,允许列车根据 ATS 系统的判断发车。

(9) "紧急停车"按钮。当需要紧急停车时,按下"紧急停车"按钮,紧急停车信号发出,紧急停车指示灯(红灯)亮,同时蜂鸣器报警。ATS 系统接收到"紧急停车"按钮的命令后,控制列车紧急停止。

(10) "紧急停车"按钮指示灯。当"紧急停车"按钮按下后,"紧急停车"按钮指示灯亮;当取消"紧急停车"后,"紧急停车"按钮指示灯熄灭。

2. 信号模块操作

在正常运营情况下,信号系统采用自动控制方式。当发生紧急情况时,信号系统由 IBP 盘进行控制。具体操作如下:

(1) 将信号系统模块钥匙插进锁孔，旋转至“手动”位置，激活 IBP 盘。
(2) 根据现场实际运营状况按压相应的控制按钮。
(3) 操作完成后，将钥匙从“手动”位置旋转回“自动”位置，恢复正常控制模式。

五、考核与评价

实操环节由学生、教师和系统进行评分，通过系统评价，学生互评、自评，教师点评，实现多元综合评价，实训总成绩＝组间互评(18%)＋教师评分(25%)＋系统评分(50%)＋进步评分(7%)。

六、思考与习题

(1) IBP 盘的构成。
(2) IBP 盘的功能。
(3) IBP 盘上各种按钮分别在什么情况下操作？

项目四　自动扶梯及电梯操作

一、实训目的

(1) 了解自动扶梯及电梯的构成。
(2) 掌握自动扶梯及电梯的操作方法。

二、实训设备与知识准备

1. 实训设备

一套自动扶梯及电梯模拟系统。

2. 知识准备

自动扶梯按钮功能;电梯按钮功能。

三、实训任务

(1) 自动扶梯的操作。
(2) 电梯的操作。

四、实训指导

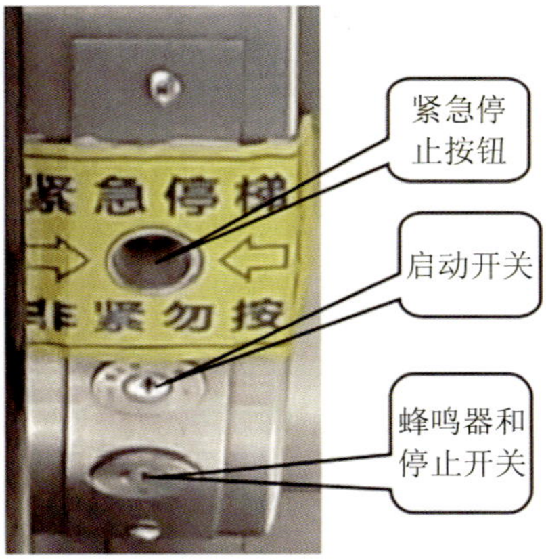

图 4.1　自动扶梯操作按钮

(一) 自动扶梯

1. 自动扶梯的操作按钮介绍

在自动扶梯扶手的上、下两端,有“紧急停止按钮”“启动开关”及“蜂鸣器和停止开关”用于自动扶梯的就地操作及控制,如图 4.1 所示。

(1) “紧急停止按钮”。在自动扶梯运行过程中发生乘客摔倒或其他紧急情况下使用。

(2) “启动开关”。用于自动扶梯上行或下行运行方向的选择。

(3) “蜂鸣器和停止开关”。

① 启动自动扶梯时,将钥匙插入“蜂鸣器和停止开关”并转至“蜂鸣器”侧,使蜂鸣器鸣叫数秒,向周围

人们发出将要运行的提示。

② 停止自动扶梯时，将钥匙插入“蜂鸣器和停止开关”并转至“蜂鸣器”侧，使蜂鸣器鸣叫数秒，确认无人站在扶梯上后，将钥匙转至“停止”侧，使扶梯停止运行。

2. 自动扶梯的运行

（1）自动扶梯开启：

① 自动扶梯开始运转前应检查扶梯踏板、扶手带、梳齿板、裙板保护胶条（或毛刷），除去夹在里面的碎石子、口香糖等，如图 4.2 所示；用手感触确认裙板及竖板的润滑剂是否充分；确认自动扶梯周围的安全设施（三角警示牌、防止进入的栅栏等，如图 4.3 和图 4.4 所示）有无破损等。

图 4.2　检查异物

图 4.3　三角警示牌

图 4.4　防止进入的栅栏

② 确认“紧急停止”按钮是否处于正常状态。

③ 将钥匙插入“蜂鸣器和停止开关”并转至“蜂鸣器”侧，使蜂鸣器鸣叫数秒，向周围人们发出将要运行的提示。

④ 确认自动扶梯上没有乘客或异物后，将钥匙插入“启动开关”，转至“上行”或“下行”

侧，并保持 1 s 以上，启动自动扶梯。

⑤ 确认扶手带是否正常转动，如有异常声响或震动时，立即按动“紧急停止”按钮，停止自动扶梯运行，并通知专业人员检修。

(2) 自动扶梯停止：

① 将钥匙插入“蜂鸣器和停止开关”并转至“蜂鸣器”侧，使蜂鸣器鸣叫数秒，确认无人站在扶梯上后，将钥匙转至“停止”侧，使扶梯停止运行。

② 用栅栏等物挡住梯口，放置“暂停服务”牌，如图 4.5 所示。

图 4.5　“暂停服务”牌

(3) 紧急情况下自动扶梯的运行。在地铁车站运营期间，自动扶梯如若发生超速运行、突然逆行、夹人夹物及乘客摔倒等意外，车站站务人员要及时让自动扶梯停下来，防止事态扩大。具体操作步骤如下：

① 大声通知正站在自动扶梯上的乘客：即将紧急停止扶梯，请抓紧扶手。

② 按压“紧急停止”按钮，使其凹下。

③ 事故处理完毕以后，按动“紧急停止”按钮，使其恢复凸起。

3. 自动扶梯的运营管理

(1) 车站人员应引导乘客正确搭乘自动扶梯，对乘客不正确使用自动扶梯的行为应及时制止，以免发生危险。如自动扶梯运行时突然加减速、有异常声音或震动时，应阻止乘客继续搭乘，待无人后停止运行，并等待专业人员检修。

(2) 正常条件下自动扶梯采用就地控制方式。同时，自动扶梯的运行状况由车站设备监控系统进行监视并将运行状态信息传输到控制中心，但车站设备监控系统不控制自动扶梯的运行。

(3) 在紧急或灾害情况下，车控室值班工作人员可通过车控室“紧急停止”按钮使车站非疏散自动扶梯全部停止运行，作为固定楼梯疏散乘客，而作为疏散用的自动扶梯将继续运行承担疏散人群的任务。

(二) 电梯

1. 轿厢内的按钮介绍

轿厢内的按钮一般分报警按钮、楼层选择按钮、开门按钮和关门按钮等几种，如图 4.6

所示。

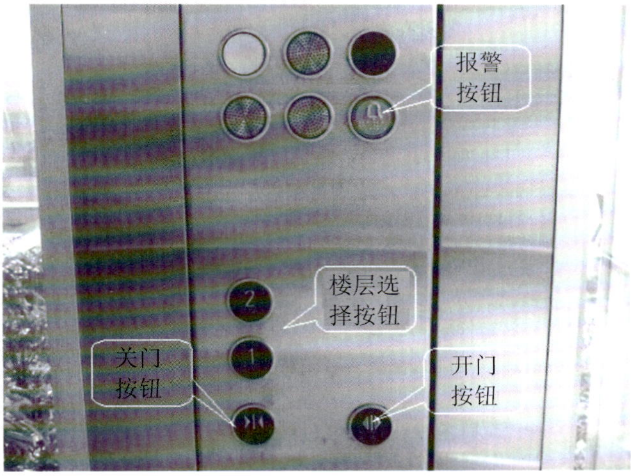

图 4.6 电梯按钮

2. 电梯的运行

(1) 电梯开梯:

① 检查厅门周围有无障碍物,查看电梯楼层显示是否正确。

② 在电梯基站用电梯的专用钥匙将电梯锁拧至开启位置启动电梯。

(2) 电梯关梯:

① 确认轿厢内没有人。

② 在电梯基站用电梯的专用钥匙将电梯锁拧至停止位置停止电梯。

(3) 注意事项:

① 电梯关梯前确认轿厢内没有人。

② 站内电梯的基站在站厅层,出入口电梯的基站在地面层。

③ 电梯在关梯后,将不再响应其余呼梯信号,直接进入基站,打开门后电梯将关门,停止运行。

3. 电梯的运营管理

(1) 正常条件下电梯采用就地控制方式。同时,电梯的运行状况由车站设备监控系统进行监视并将运行状态信息传输到控制中心,但车站设备监控系统不控制电梯的运行。

(2) 在紧急或灾害情况下,车控室值班人员可通过防灾报警控制台上的电梯消防迫降功能按钮,使站内垂直电梯即刻运行到基站(站厅层/出入口地面)后停止运行,同时不再响应轿箱指令和层站召唤。

五、考核与评价

实操环节由学生、教师和系统进行评分,通过系统评价,学生互评、自评,教师点评,实现多元综合评价,实训总成绩=组间互评(18%)+教师评分(25%)+系统评分(50%)+进步评分(7%)。

六、思考与习题

（1）自动扶梯开启及停止时的注意事项有哪些？

（2）在紧急情况下，自动扶梯如何操作？

（3）电梯关梯的注意事项有哪些？

项目五　灭火器及消火栓操作

一、实训目的

(1) 熟练使用各类灭火器。
(2) 熟练使用消火栓。

二、实训设备与知识准备

1. 实训设备

手提式干粉灭火器、手提式二氧化碳灭火器、手提式泡沫灭火器、手提式清水灭火器及消火栓。

2. 知识准备

(1) 火灾分类。
(2) 不同灭火器的适用范围。

三、实训任务

(1) 手提式干粉灭火器的操作。
(2) 手提式二氧化碳灭火器的操作。
(3) 手提式泡沫灭火器的操作。
(4) 手提式清水灭火器的操作。
(5) 消火栓的操作。

四、实训指导

(一) 火灾的分类

火灾依据物质燃烧特性，可划分为 A、B、C、D、E、F、K 七类，如表 5.1 所示。

表 5.1　火灾分类

类型	定义	具体描述
A 类火灾	指固体物质火灾	这种物质通常具有有机物质性质，一般在燃烧时能产生灼热的余烬，如木材、煤、棉、毛、麻、纸张等引起的火灾

续表

类型	定义	具体描述
B类火灾	指液体或可熔化的固体物质火灾	如煤油、柴油、原油、甲醇、乙醇、沥青、石蜡等引起的火灾
C类火灾	指气体火灾	如煤气、天然气、甲烷、乙烷、丙烷、氢气等引起的火灾
D类火灾	指金属火灾	如钾、钠、镁、铝镁合金等引起的火灾
E类火灾	带电火灾	物体带电燃烧的火灾
F类火灾	烹饪器具内的烹饪物(如动植物油脂)火灾	烹饪器具内的烹饪物(如动植物油脂)火灾
K类火灾	食用油类火灾	通常食用油的平均燃烧速率大于烃类油,与其他类型的液体火相比,食用油火很难被扑灭,由于有很多不同于烃类油火灾的行为,它被单独划分为一类火灾

(二)灭火器的选用

灭火器的分类方法很多,通常按充装灭火剂的类型来划分,常见的有以下四种:手提式干粉灭火器、手提式二氧化碳灭火器、手提式泡沫灭火器、手提式清水灭火器。

1. 手提式干粉灭火器的使用

(1) 适用范围。手提式干粉灭火器适用于易燃、可燃液体、气体及带电设备的初起火灾(A、B、C类火灾),干粉灭火器药剂的主要成分是碳酸氢钠(小苏打)和磷酸氢二铵,如图5.1所示。

图5.1 手提式干粉灭火器

(2) 灭火原理。一是靠干粉中的无机盐的挥发性分解物,与燃烧过程中燃料所产生的自由基或活性基团发生化学抑制和负催化作用,使燃烧的链反应中断而灭火;二是靠干粉的粉末落在可燃物表面,发生化学反应,并在高温作用下形成一层玻璃状覆盖层,从而隔绝氧气,进而窒息灭火。另外,还有部分稀释氧气和冷却作用。

(3) 使用方法。手提式干粉灭火器最常用的开启方法为压把法,将灭火器提到距火源适当距离后，先上下颠倒几次，使筒内的干粉松动，然后让喷嘴对准燃烧最猛烈处，拔去保险销，压下压把，灭火剂便会喷出灭火，使用流程如图 5.2 所示。

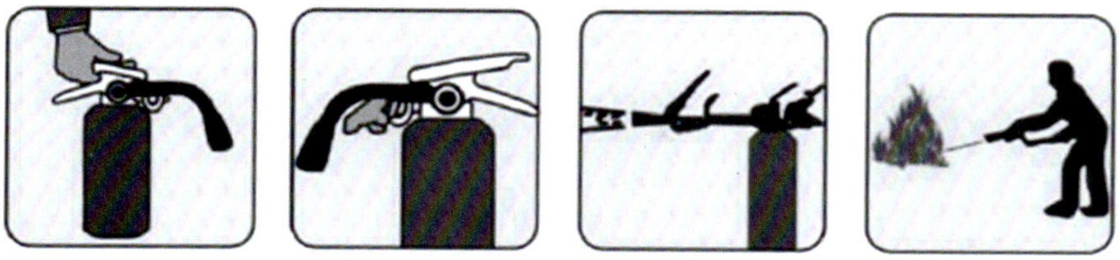

1. 取出灭火器　2. 拔掉保险销　3. 一手握住压把，另一手握住喷管　4. 对准火苗根部喷射（人站在上风部）

图 5.2　手提式干粉灭火器的使用流程

2. 手提式二氧化碳灭火器的使用

手提式二氧化碳灭火器如图 5.3 所示。

图 5.3　手提式二氧化碳灭火器

（1）适用范围。手提式二氧化碳灭火器适用于扑救 B 类火灾，如煤油、柴油、原油、甲醇、乙醇、沥青、石蜡等引起的火灾；适用于扑救 C 类火灾，如煤气、天然气、甲烷、乙烷、丙烷、氢气等引起的火灾；适用于扑救 E 类火灾，如物体带电燃烧的火灾。

（2）灭火原理。手提式二氧化碳灭火器是一种具有 100 多年历史的灭火器，价格低廉，获取、制备容易，其主要依靠窒息作用和部分冷却作用灭火。二氧化碳具有较高的密度，约为空气的 1.5 倍。在常压下，液态的二氧化碳会立即汽化，一般 1 kg 的液态二氧化碳可产生约 0.5 m^3 的气体。因而，灭火时，二氧化碳气体可以排除空气而包围在燃烧物体的表面或分布于较密闭的空间中，降低可燃物周围或防护空间内的氧浓度，产生窒息作用而灭火。另外，二氧化碳从储存容器中喷出时，会由液体迅速汽化成气体，而从周围吸收部分热量，起到冷却的作用。

（3）使用方法。在使用时，应首先将灭火器提到起火地点，放下灭火器，拔出保险销，一只手握住喇叭筒根部的手柄，另一只手紧握启闭阀的压把。对没有喷射软管的二氧化碳灭火器，应把喇叭筒往上扳 70°—90°。使用时，不能直接用手抓住喇叭筒外壁或金属连接管，防止手被冻伤。在室外使用二氧化碳灭火器时，应选择上风方向喷射；在室内窄小空间使用的，灭火后操作者应迅速离开，以防窒息，如图 5.4 所示。

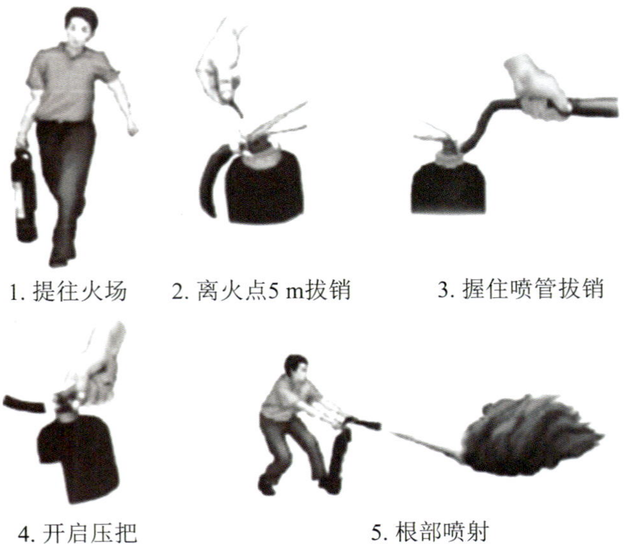

图 5.4　手提式二氧化碳灭火器使用流程

3. 手提式泡沫灭火器

手提式泡沫灭火器如图 5.5 所示。

图 5.5　手提式泡沫灭火器

（1）适用范围。手提式泡沫灭火器适用于扑救一般 B 类火灾，如油制品、油脂等引起的火灾，也可适用于 A 类火灾，但不能扑救 B 类火灾中的水溶性可燃、易燃液体的火灾，如醇、酯、醚、酮等物质引起的火灾，也不能扑救带电设备及 C 类和 D 类火灾。

（2）灭火原理。使用泡沫灭火器灭火时，能喷射出大量二氧化碳及泡沫，它们能黏附在可燃物上，使可燃物与空气隔绝，破坏燃烧条件，达到灭火的目的。

（3）使用方法。可手提筒体上部的提环，迅速奔赴火场。这时应注意，不得使灭火器过分倾斜，更不可横拿或颠倒，以免两种药剂混合而提前喷出。当距离着火点 10 m 左右，即可将筒体颠倒过来，一只手紧握提环，另一只手扶住筒体的底圈，将射流对准燃烧物。在扑救可燃液体火灾时，如已呈流淌状燃烧，则将泡沫由远而近喷射，使泡沫完全覆盖在燃烧液面上；如在容器内燃烧，应将泡沫射向容器的内壁，使泡沫沿着内壁流淌，逐步覆盖着火液面。切忌直接对准液面喷射，以免由于射流的冲击，反而将燃烧的液体冲散或冲出容器，扩大燃烧范围。在扑救固体物质火灾时，应将射流对准燃烧最猛烈处。灭火时随着有效喷射距离的缩短，使用者应逐渐向燃烧区靠近，并始终将泡沫喷在燃烧物上，直到扑灭。使用时，灭火器应始终保持倒置状态，否则会中断喷射。

4. 手提式清水灭火器

手提式清水灭火器如图 5.6 所示。

（1）适用范围。手提式清水灭火器采用清水作灭火药剂，加入一定量的添加剂，可扑灭纸张、木材、纺织品等引起的 A 类火灾。

（2）灭火原理。手提式清水灭火器中的灭火剂为清水。水在常温下具有较低的黏度、较高的热稳定性、较大的密度和较高的表面张力，是一种古老而又使用范围广泛的天然灭火剂，易于获取和储存。它主要依靠冷却和窒息作用进行灭火。因为每千克水自常温加热至沸点并完全蒸发汽化，可以吸收 2 593.4 kJ 的热量。因此，它利用自身吸收显热和潜热的能力发挥冷却灭火作用，是其他灭火剂所无法比拟的。此外，水被汽化后形成的水蒸气为惰性气体，且体积将膨胀 1 700 倍左右。在灭火时，由水汽化产生的水蒸气将占据燃烧区域的空间、稀释燃烧物周围的氧含量，阻碍新鲜空气进入燃烧区，使燃烧区内的氧浓度大大降低，从而达到窒息灭火的目的。当水呈喷淋雾状时，形成的水滴和雾滴的比表面积将大大增加，增强了水与火之间的热交换作用，从而强化了其冷却和窒息作用。另外，对一些易溶于水的可燃、易燃液体还可起稀释作用；采用强射流产生的水雾可使可燃、易燃液体产生乳化作用，使液体表面迅速冷却、可燃蒸汽产生速度下降而达到灭火的目的。

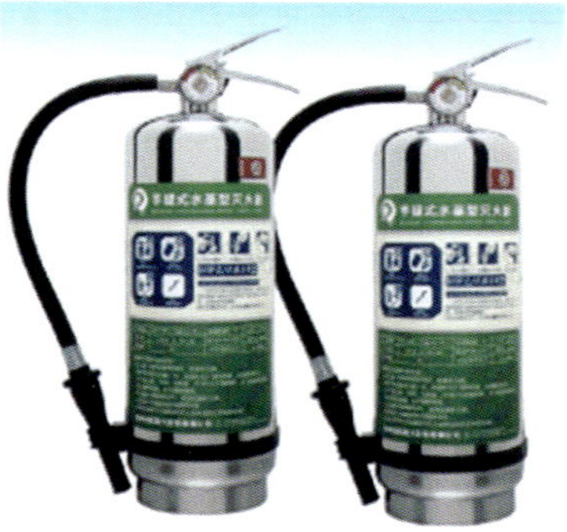

图 5.6　手提式清水灭火器

（3）使用方法：

① 将手提式清水灭火器提至火场，在距燃烧物大约 10 m 处，将灭火器直立放稳。

注意：灭火器不能放在离燃烧物太远处，这是因为手提式清水灭火器的有效喷射距离在 10 m 左右，否则，手提式清水灭火器喷出的水喷不到燃烧物上。

② 摘下保险帽。用手掌拍击开启杆顶端的凸头，这时清水便从喷嘴喷出。

③ 当清水从喷嘴喷出时，立即用一只手提起灭火器筒盖上的提圈，另一只手托起灭火器的底圈，将喷射的水流对准燃烧最猛烈处喷射。因为清水灭火器有效喷水时间仅 1 min 左右，所以，当灭火器有水喷出时，应迅速将灭火器提起，将水流对准燃烧最猛烈处喷射。

④ 随着灭火器喷射距离的缩短，操作者应逐渐向燃烧物靠近，使水流始终喷射在燃烧处，直至将火扑灭。

手提式清水灭火器在使用过程中应始终与地面保持大致垂直状态，不能颠倒或横卧，否则，会影响水流喷出。

（三）消火栓的使用

消火栓，一种固定消防工具。其主要作用是控制可燃物、隔绝助燃物、消除着火源。使用方法如下（如图 5.7 所示）：

（1）打开消火栓箱门，取出水带。

（2）抛水带：右手呈虎口形握住水带的两个接头，拇指第一关节扣压水带内侧，其他四指扣压水带外侧。同时，左手拇指和四指分别插入水带两头接口内，并握紧两个水带头。

（3）两手协力托住水带，用力向正前方抛出，左手握住水带头向上抽拉，使水带向正前方摊开。

（4）接水带：右手将水带接头与消火栓接头对接，并顺时针转动至卡紧为止。

（5）接水枪：拿起另一端接头，一手拿着水枪向着火部位冲去，将水枪头接上水带接口。

（6）灭火人员接好水枪并握紧，站稳后用胳膊肘夹紧水带，示意另一人缓缓打开水阀。

（7）另一人缓慢打开消火栓水阀，在完全打开后立即跑至水枪处协助把持水枪。

(8) 观察水枪出水压力情况。如果压力不够,应马上按下消防栓按钮启动电动蝶阀增加水压。

(9) 灭火完毕后应晾干水带,然后卷好放回原处。

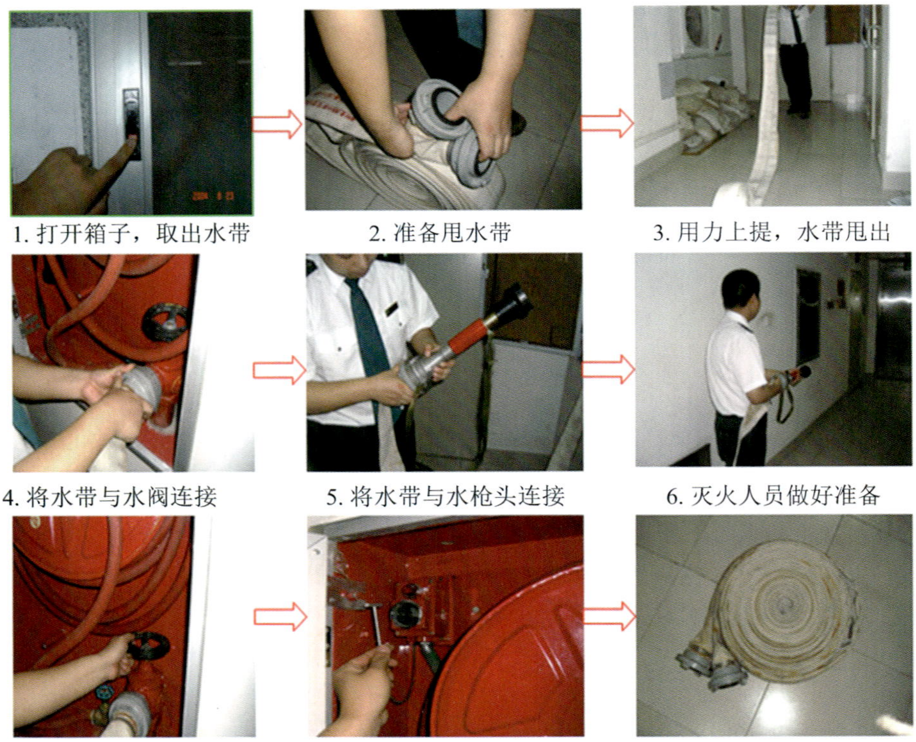

1. 打开箱子，取出水带　2. 准备甩水带　3. 用力上提，水带甩出
4. 将水带与水阀连接　5. 将水带与水枪头连接　6. 灭火人员做好准备
7. 另一人打开水阀　8. 水压不够，启动电动蝶阀　9. 灭火完，晾干水带卷好

图 5.7　水带灭火流程图

五、考核与评价

实操环节由学生、教师和系统进行评分,通过系统评价,学生互评、自评,教师点评,实现多元综合评价,实训总成绩=组间互评(18%)+教师评分(25%)+系统评分(50%)+进步评分(7%)。

六、思考与习题

(1) 火灾的分类。

(2) 灭火器的适用范围。

模块二

客运组织与票务管理

项目六　车站客运组织

任务一　车站开站作业

一、实训目的

通过本实训，培养学生对车站开启作业过程的理解。

二、实训设备与知识准备

1. 实训设备

车站实训室、城市轨道交通车站标准化作业 3D 仿真系统。

2. 知识准备

熟悉车站开站流程，熟悉开站各岗位工作职责。

值班员运营前检查流程

三、实训任务

模拟演练车站开站过程中值班站长、客运值班员、行车值班员、站务员等各岗位的作业过程。

四、实训指导

车站开站作业流程表如表 6.1 所示。

五、考核与评价

实操环节由学生、教师和系统进行评分，通过系统评价，学生互评、自评，教师点评，实现多元综合评价，实训总成绩＝组间互评（18%）＋教师评分（25%）＋系统评分（50%）＋进步评分（7%）。

六、思考与习题

车站开站前，车站各岗位的工作职责是什么？

表 6.1　车站开站作业流程表

序号	时间	内容	执行人	责任人
1	开站前 60 min	巡视车站，按行调命令试验道岔、安排人员开关站台门，检查站台和线路出清情况，并汇报行调	值班站长/行车值班员	值班站长
2	首班车到站前 30 min	配好票、款，并检查售票员到岗情况	客运值班员	
3	首班车到站前 15 min	到岗	保安	
4	首班车到站前 15 min	打开车站照明设备	值班站长	
5	首班车到站前 15 min	领票、款到岗	售票岗	
6	首班车到站前 10 min	开启车站大门、自动扶梯，开始服务	巡视岗、站厅保安	
7	首班车到站前 10 min	开启所有 TVM 和闸机	值班站长	
8	开站后	向乘客广播候车的注意事项	行车值班员	

任务二　车站关站作业

一、实训目的

通过本实训，增强学生对车站关闭作业过程的理解。

二、实训设备与知识准备

1. 实训设备

车站实训室、城市轨道交通车站标准化作业 3D 仿真系统。

2. 知识准备

熟悉车站关站流程，熟悉关站各岗位工作职责。

三、实训任务

模拟演练车站关闭过程中值班站长、客运值班员、行车值班员、站务员等各岗位的作业过程。

四、实训指导

车站关站作业流程表如表 6.2 所示。

表 6.2　车站关站作业流程表

序号	时间	内容	执行人	责任人
1	上下行线最后一班车开出前 10 min	开始广播	行车值班员	值班站长
2	上下行线最后一班车开出前 5 min	关闭 TVM,通知售票员停止售票,暂停进站闸机并广播	值班站长	
3	最后一班车开出前	进行检查,确认站台乘客均已上车,无异常情况	站台保安	
4	最后一班车开出后	清客,关闭车站自动扶梯和出入口	巡视岗、站厅保安	
5	停止服务后	收拾票、款,整理客服中心备品,注销 BOM,回 AFC 票务室结账	售票员	
6	关站后	与售票员结账	客运值班员	
7	运营结束后	执行车站节电照明模式	行车值班员	

五、考核与评价

实操环节由学生、教师和系统进行评分,通过系统评价,学生互评、自评,教师点评,实现多元综合评价,实训总成绩＝组间互评(18%)＋教师评分(25%)＋系统评分(50%)＋进步评分(7%)。

六、思考与习题

(1) 车站的关站注意事项。
(2) 车站的关站流程。

任务三　车站巡视作业

一、实训目的

通过本实训,增强学生对车站巡视作业过程的理解。

二、实训设备与知识准备

1. 实训设备

车站实训室、城市轨道交通车站标准化作业 3D 仿真系统。

2. 知识准备

(1) 巡视方式:

① 现场巡视:各车站负责管理区域的巡视工作,各车站应在各出入口、通道、重点区域、人流较少及闭路电视监控系统(CCTV)监控不到的盲区等位置设置"车站巡视记录表"(见附录一),巡视人员做好巡视签名。

② CCTV巡视:各车站由值班人员通过CCTV查看各出入口、通道及各重点区域,并在"车站CCTV巡视记录表"上签名确认。

(2) 巡视的范围。车站巡视时,需要定期巡视车站所有公共区,主要包括站台(地面、相关设备以及乘客是否在安全线以内候车等)、通道(地面、相关设备以及有无乘客在通道内滞留等)、扶手电梯(携带大件行李的乘客,行动不便的老年人等)、自动人行道,如表6.3所示。

表6.3 车站各岗位巡视范围

人员	主要范围
区域站长	所有车站管理范围内应巡视的地方
值班站长	全站、各出入口外面5 m范围内
客运值班员	客服中心、站厅、各通道、各出入口
巡视岗	出入口、站厅、楼梯、自动扶梯、垂直电梯
站厅保安	出入口、站厅、楼梯、自动扶梯、垂直电梯
站台保安	站台

(3) 巡视内容:

① 乘客动态及乘车秩序。

② 设备设施状态及运行情况。

③ 车站范围内的施工作业情况。

④ 可疑人和可疑物等异常情况。

⑤ 地铁设施防护情况。

⑥ 车站卫生情况。

⑦ 安全隐患排查。

(4) 巡视要求:

① 有关人员:值站、值班员、站务员、车站保安。

② 目的:确保不会形成风险和隐患以及可迅速探测、消除风险和隐患。

③ 风险:未能探测到隐患,以及未采取安全措施,可导致危险事件发生。

④ 公共区巡视人员相关要求:

a. 定期巡视车站所有公共区,特别留意站厅、站台、通道、电扶梯和照明设备。

b. 发现影响客流组织、消防疏散及阻挡盲道的障碍物立即汇报并处理。

c. 规劝乘客的不文明行为。

d. 防止乘客携带易燃、易爆品,危险品,攻击性物品,有害物品及其他可能影响地铁运营的物品进入地铁车站范围。

e. 劝阻携带大件行李(含笨重行李、行李车)及乘坐轮椅的乘客不得使用电扶梯,以免发生危险,引导乘客使用垂直电梯。

f. 及时清理地面积水和污渍，防止乘客滑倒，当无法立即清除时，摆放告示牌提醒乘客注意，发现设备故障及时上报，并设置故障告示牌。

g. 发生突发事件，立即报告车控室，并按相关应急预案执行。

(5) 巡视周期：

① 出入口巡视周期：

a. 运营期间：员工按每 2 h 1 次、保安按每 1 h 1 次的周期进行巡视。

b. 非运营期间：员工至少完成 2 次全面的车站巡视(关站后、运营前检查时各 1 次)，保安按每 2 h 1 次的周期巡视。

c. 除了规定的巡视周期外，在恶劣天气等特殊情况下，各车站应增大巡视密度。

② CCTV 巡视周期：

a. 日常的“CCTV 巡视记录表”所规定的巡视周期为每 2 h 一巡。

b. 特殊时期，如反恐形势严峻恢复每 1 h 一巡。

③ 全站巡视周期：每个班次(按照表 6.3)巡视范围至少巡视 3 次。

(6) 站台区巡视人员相关要求：

① 留意车门、站台门关闭情况，防止发生车门/站台门夹人夹物，发现异常情况，及时按压紧急停车按钮或向司机显示紧急停车信号。

② 末班车开出前，站台人员须提醒乘客。

(7) 设备区巡视人员相关要求：

① 车站人员须巡视其可进入的房间并关掉所有不需用的电灯，同时检查房间清洁状况。

② 巡视各设备房门的锁闭情况，如受气体保护的房间，还要确认房间内是否有人，保护开关是否打至相应的自动/手动位。

(8) 填写巡视台账的要求：

如实填写巡视台账，发现问题须详细记录，及时跟进，并签名确认。

三、实训任务

模拟运营过程中值班站长、客运值班员、厅巡等在车站的巡视过程，并填写相应台账。

四、实训指导

车站各岗位巡视范围及巡视要求如表 6.4 所示。

五、考核与评价

实操环节由学生、教师和系统进行评分，通过系统评价，学生互评、自评，教师点评，实现多元综合评价，实训总成绩=组间互评(18%)+教师评分(25%)+系统评分(50%)+进步评分(7%)。

六、思考与习题

简述巡查作业包括哪些内容。

表 6.4 车站各岗位巡视范围

岗位	巡视范围	巡视要求
值班站长	全站、各出入口外面 5 m 范围内	① 按要求巡视车站(每次间隔时间不得超过 2 h),检查、指导各岗位的工作,及时帮助各岗位完成工作任务。 ② 巡视检查各岗位工作情况,落实"两纪一化"和各岗位职责的执行,填写"值班站长日志""车站、防火巡视登记簿",做好本班组的考勤记录和考核工作
客运值班员	客服中心、站厅、各通道、各出入口	按要求巡视车站,将巡站时间及巡站结果在"车站日志""车站消防/综治安全巡查登记表"上记录
厅巡	出入口、站厅、楼梯、自动扶梯、垂直电梯	每 2 h 巡视车站出入口、站厅 1 次,发现有违反《城市轨道交通管理条例》《乘客守则》的行为要及时制止,巡视后将出入口相关情况报车控室

任务四 车站客伤处理

一、实训目的

通过本实训,使学生掌握客伤处置程序与技巧。

二、实训设备与知识准备

1. 实训设备

车站实训室、城市轨道交通车站标准化作业 3D 仿真系统。

2. 知识准备

已学习"城市轨道交通客运组织"和"城市轨道交通服务与礼仪"课程,配备城市轨道交通车站实训室及运营仿真相关软件。

三、实训任务

请同学分组(5 人一组)讨论,分别扮演值班站长、站台岗、站厅岗、客服中心岗等角色,研讨事件处理经过,并填写演练表。

情景:在客流高峰时,由于过于拥挤,有位乘客的手被夹伤。

四、实训指导

(一) 发现客伤时的处理

发现客伤时,应立即报告行车调度员或就近的车站值班员、车厂调度员、列车司机。同时，立即报告地铁公安分局驻站公安人员。

发生伤亡事故时，应报告如下内容：

(1) 事故发生时间(年、月、日、时、分)、地点(区间、百米标或站名等)。

(2) 列车车次、列车号。

(3) 事故伤亡人数、姓名、性别、受伤情况、所采取的抢救措施、送往的医院、陪同人姓名、单位、职务(工种)等。

(4) 报告人姓名、所在部门(工种)。

(5) 其他需要说明内容。若情况紧急可先报告上述部分内容，受理报告部门的人员，应详细记录、迅速上报。

(6) 凡发生地外伤亡事故，应立即采取紧急措施进行处理，及时抢救伤员、尽量减少损失、尽力获取证据、尽快恢复运营。如属列车或调车碰轧所致，司机应立即停车；其他有关人员要立即显示停车信号。

(二) 车站发生地外人员伤亡事故现场的处理

(1) 值班站长(或站长)担任事故处理主任，应立即安排地铁员工赶赴现场，报告地铁公安分局驻站公安人员，及时封锁站台，疏散围观群众，保护事故现场。

(2) 值班站长(或站长)组织对事故现场做好标记和记录。对伤者进行必要的现场急救，将伤者送往医院救治。必要时，安排一名车站员工协助公安人员，陪同伤者前往医院。初步判断属于地铁责任时，住院需交纳的押金由车站在保险基金中垫付。

(3) 对死亡者，须由地铁公安部门认定，尸体由车站护卫人员在车站员工的协助下，按照公安部门的要求移出线路，尽快出清线路。在公安人员到达以前，站务人员应对死亡者现场做好保护、劝留证人。

(4) 凡发生经初步判定属地铁责任的地外伤亡事故，车站要及时通知负责乘客保险的保险公司员工赶赴现场(或所送医院)，车站的员工待保险公司员工到达后，将有关单据移交给保险公司的工作人员处理。

发生地外人员伤亡时，站务人员须挽留事故现场证人，并及时报告公安机关处理。涉及刑事案件的，站务人员协助公安人员全力缉捕涉案嫌疑人员。在对伤亡事故进行上报和处理的同时，应尽快通知伤亡者家属。

(三) 客伤处理记录表

客伤处理记录表的具体填写要求可见附录二。

五、考核与评价

实操环节由学生、教师和系统进行评分，通过系统评价，学生互评、自评，教师点评，实现多元综合评价，实训总成绩＝组间互评(18%)＋教师评分(25%)＋系统评分(50%)＋进步评分(7%)。

六、思考与习题

当客伤事件发生时，车站工作人员需要做些什么？

任务五　车站交接班作业

一、实训目的

通过本实训，增强学生对车站交接班作业的理解。

二、实训设备与知识准备

1. 实训设备

车站实训室、城市轨道交通车站标准化作业3D仿真系统。

2. 知识准备

已学习“城市轨道交通客运组织”和“城市轨道交通服务与礼仪”课程，配备城市轨道交通车站实训室及运营仿真相关的软件。

三、实训任务

对车站值班站长、行车值班员、客运值班员、站务员（售票工作）、站务员（厅巡工作）等各岗位工作人员的交接班内容进行模拟，并填写相应台账。

四、实训指导

车站各岗位交接班内容如表6.5所示。

表6.5　车站各岗位交接班内容

岗位	交接内容	台账记录
值班站长	岗位人员情况	值班人员登记表
	车站设备设施、工器具、备品状态	车站巡视记录表、车站设备、设施故障登记表（EAM故障时）
	门禁卡/钥匙、备品借用情况	车站物资借用/归还登记表
	列车运行情况	行车日志、值班人员登记表
	车站施工情况	车站施工登记本
	车站票务工作	车站票务交接班登记本
	消防设施情况	运营总部消防设施日常巡查记录表
	核实上一班已完成或未完成的工作	值班人员登记表、信息传递表、车站票务交接班登记本
	其他需特别说明的情况	值班人员登记表

续表

岗位	交接内容	台账记录
行车值班员	进路开通及LOW工作状态(联锁站)	
	车控室SC系统、安防系统(CCTV、门禁等)、广播系统、电话系统、无线系统、PIS系统、EMCS系统、ISCS系统、FAS系统运行情况	
	列车运行情况	行车日志、值班人员登记表
	行车备品情况(数量及状态),门禁卡/钥匙、备品借用情况	车站物资借用/归还登记表
	车站施工情况	车站施工登记本、调度命令本
	消防设施情况	运营总部消防设施日常巡查记录表
	核实上一班已完成或未完成的工作	值班人员登记表
	其他需特别说明的情况	值班人员登记表
客运值班员	AFC设备、门禁卡/钥匙、工器具、备品备件及对讲设备情况	车站票务交接班登记本,门禁卡、钥匙借用登记表
	备用金、票款及车票数量	车站票务交接班登记本
	发票	车站票务交接班登记本
	雨伞押金	车站票务交接班登记本
	核对票务报表	
	其他需特别说明的情况	车站票务交接班登记本
站务员(售票工作)	票务备品、工器具及对讲设备	车站客服中心交接记录表
	钥匙(临时借用的客服中心钥匙及BOM收银钱箱钥匙等)	车站客服中心交接记录表
	登录BOM,检查BOM状态(含SAM卡)	
	其他需特别说明的情况	车站客服中心交接记录表
站务员(厅巡工作)	对讲设备及钥匙(员工通道门钥匙、自动扶梯钥匙等)	车站物资借用/归还登记表
	其他需特别说明的情况	
保安	对讲设备及行车备品状态	站台保安交接班表
	钥匙(站台监视亭钥匙、PSL钥匙、站台门门头模式开关钥匙、PECU复位钥匙、员工通道门钥匙、自动扶梯钥匙等)数量及状态	站台保安交接班表
	设备、设施状况	站台保安交接班表
	其他需特别说明的情况	站台保安交接班表

五、考核与评价

实操环节由学生、教师和系统进行评分，通过系统评价，学生互评、自评，教师点评，实现多元综合评价，实训总成绩＝组间互评（18％）＋教师评分（25％）＋系统评分（50％）＋进步评分（7％）。

六、思考与习题

车站工作人员之间的交接班作业包括哪些内容？

项目七 票务管理

任务一 车站售、补票作业

一、实训目的

通过本实训，训练学生对半自动售票机的使用，提高实践应用能力。

二、实训设备与知识准备

1. 实训设备

城市轨道交通票务实训系统、AFC 票务仿真系统、票务报表。

2. 知识准备

(1) 准备售票：

① 售票员到客运值班员处领取票、款等。

② 与客运值班员当面清点票、款，并在“售票员结算单”上签收。

③ 早班售票员须到客运值班员处领取读卡器和客服中心钥匙，同时做好相关的登记工作。

(2) 开窗售票：

① 开启客服中心票务设备，登录 BOM 操作界面。

② 开始办理业务，有关工作要求如下：

a. 售票时必须遵守“一收、二唱、三操作、四找零”的工作标准。

b. 车票在交给乘客之前，必须使用 BOM 进行分析，确保每一张车票的有效性，需乘客确认。

c. “一卡通”发售时对于误充值“一卡通”卡必须立即封存并由客运值班员确认，客运值班员报票务室收益组核对，“一卡通”卡随报表上交票务室，严禁转售误充值车票或隐瞒不报。

d. 售票时，不接受银行卡、外币和支票。

e. 若车票、备用金不足时，售票员须及时要求客运值班员补充。客运值班员补充车票、备用金后，须在“售票员结算单”的相关栏上注明。

f. 售票员应认真鉴别乘客交来的人民币，发现假币时应要求乘客更换，如误收假币，责任由售票员自负。

g. 乘客事务处理涉及的异常票卡需放入信封，与“乘客事务处理单”一并上交票务室。信封由经手人加封，售票员和客运值班员共同确认签章。如上交给客运值班员的车票与处理数量不符，短缺车票由经手售票员负责。

h. 售票员所发生的乘客退款等涉及备用金退补的业务必须填写“乘客事务处理单”，并需通知当班客运值班员或值班站长当场签认。

i. 出现售票员处理不了的异常情况(如与乘客发生纠纷、发现设备故障等)时，须立即通知客运值班员或值班站长到现场处理。

j. 当班所收票款较多时，应及时通知客运值班员收取，客运值班员收取预收款时，应当面清点所收款金额并在“售票员结算单”的“预收款金额”栏注明并签章确认。

对于违规使用“一卡通”学生卡的乘客，在BOM上按无票乘车处理操作。

(3) 售票结束：

① 退出BOM操作界面，收齐自己的物品。

② 早班售票员下班后须与中班售票员交接客服中心内的票务工器具，并登记“客服中心交接班记录表”。

③ 中班售票员下班后须把读卡器和客服中心钥匙交回客运值班员。

④ 到AFC票务室交班。

三、实训任务

(1) BOM售票作业。

(2) 储值卡充值。

(3) 票务事务处理。常见的乘客票务事务处理主要有车票超程、超时、无效、进出次序错误以及自动售票机卡币、卡票、找零不足和充值不成功等。下面仅以进出站次序错误及车票超时为例。

① 2021年11月7日，有一乘客在A站付费区内使用一卡通成人卡无法正常出站，经BOM分析，显示为“尚未进站”，经询问该乘客从B站进站，B至A站票价为3元，该区段间一卡通优惠5角，此时售票员应如何处理?

② 2021年9月23日10:15，一乘客持一卡通成人卡在A站非付费区内无法正常进站，经BOM分析，显示“尚未出站”，最近一次进站信息为：进站车站为“A站”，进站时间为“9月23日10:13”，此时售票员应如何处理?

③ 2021年8月29日21:00，一乘客持学生卡在A门站付费区内无法正常出站，经BOM分析，显示为“超时”，进站时间为“8月29日15:30”，进站车站显示为B站。B站至A站票价为2元，假定学生票为半价，且该区段超时补收费用为3元，此时售票员应如何处理?

四、实训指导

(一) BOM售票作业

BOM售票作业系统界面如图7.1和图7.2所示。

BOM售票作业

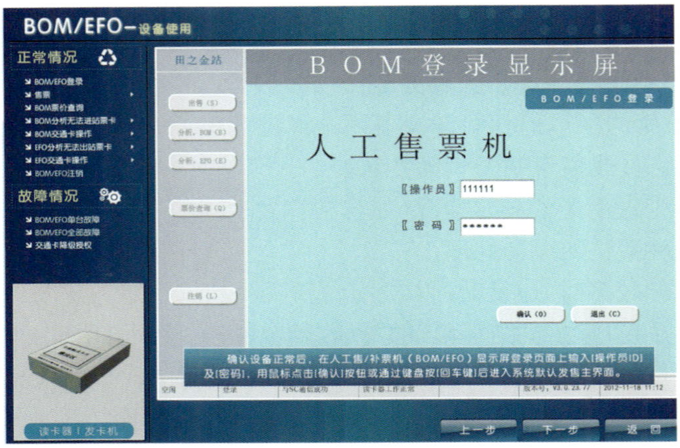

图 7.1　BOM 系统登录

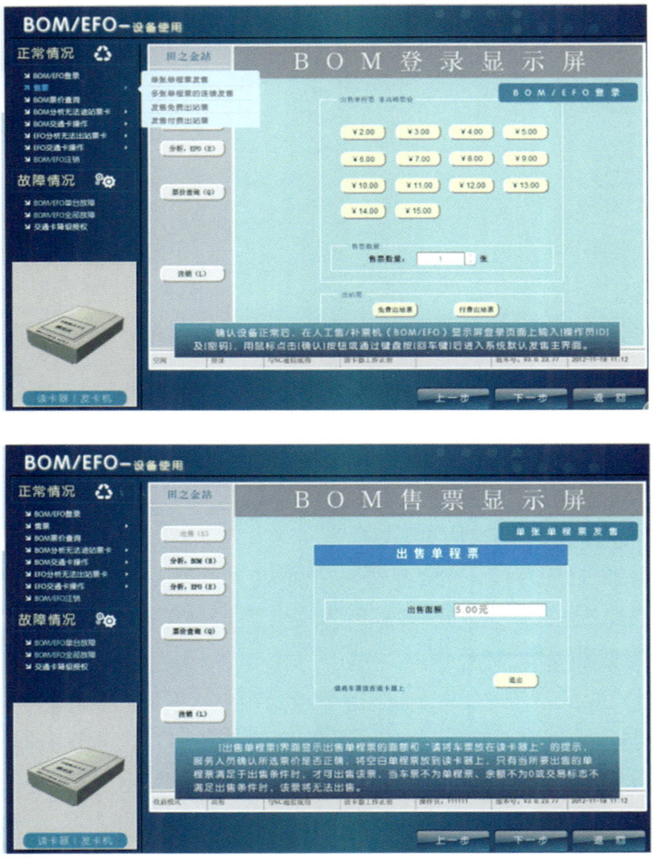

图 7.2　BOM 售单程票

（二）储值卡充值

BOM 储值卡充值界面如图 7.3 所示。

储值卡充值

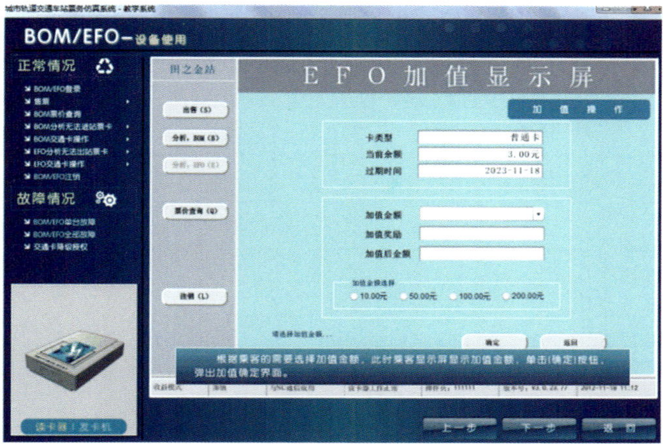

图 7.3　BOM储值卡充值

（三）票务事务处理

1. 付费区内一卡通成人卡无法正常出站处理

票务事务处理

未进站卡处理流程（实训任务中的票务处理①）及乘客事务处理单填写（付费区内一卡通成人卡无法正常出站）如图 7.4 和表 7.1 所示。

图 7.4　未进站卡处理流程

表 7.1 乘客事务处理单

编号： A 站 2021 年 11 月 7 日

事 件 详 情	处 理 结 果
（ ）车票无效不能进/出闸	（ ）发售免费出站票____张
（ ）乘客使用过期票(进闸/出闸)	（ ）免费发售单程票____张
（ ）乘客无票乘车	（ ）收取现金____元，发售单程票____张
（ ）单程票/IC 卡超时	（ ）退回乘客____元
（ ）单程票超程	（√）收取现金 2.5 元，发售付费出站票 1 张
（ ）IC 卡内余额不足	（ ）从设备取出现金____元，退回乘客
（√）~~单程票~~/IC 卡无出站信息(本站 20 min 以内)	（ ）卡扣费____元
（ ）单程票/IC 卡无进站信息	（ ）补充值____元，对卡进行更新
（ ）TVM 卡币，设备编号	
（ ）退卡，卡编号	
（ ）	涉及差额(+/-)：¥
备注：	

乘客资料：
姓　名：××× 性别：男/女 年龄：××× 证件号码：×××
工作单位：××× 电话：×××
家庭住址：××××××

客服中心岗	×××	客运值班员	×××
员工号	×××	员工号	×××

备注：此表一式三联，第一联上交票务室，第二联乘客留存，第三联车站留存。

2. 非付费区内一卡通成人卡无法正常进站处理

BOM 分析如实训任务中的票务事务处理②中所示，乘客事务处理单填写要求如表 7.2 所示。

表 7.2 乘客事务处理单(非付费区一卡通成人卡无法正常进站)

编号： A 站 2021 年 9 月 23 日

事 件 详 情	处 理 结 果
（ ）车票无效不能进/出闸	（ ）发售免费出站票____张
（ ）乘客使用过期票(进闸/出闸)	（ ）免费发售单程票____张
（ ）乘客无票乘车	（ ）收取现金____元，发售单程票____张
（ ）单程票/IC 卡超时	（ ）退回乘客____元
（ ）单程票超程	（ ）收取现金____元，发售付费出站票____张
（ ）IC 卡内余额不足	（ ）从设备取出现金____元，退回乘客
（ ）单程票/IC 卡无出站信息(本站 20 min 以内)	（ ）卡扣费____元

续表

事件详情	处理结果
(√)~~单程票~~/IC卡无进站信息	(√)补充值__0__元,对卡进行更新
(　)TVM卡币,设备编号	
(　)退卡,卡编号	
(　)	涉及差额(+/−):¥
备注:	

乘客资料:
姓　　名:×××　　性别:男/女　　年龄:×××　　证件号码:×××
工作单位:×××　　电话:×××
家庭住址:××××××

客服中心岗	×××	客运值班员	×××
员工号	×××	员工号	×××

备注:此表一式三联,第一联上交票务室,第二联乘客留存,第三联车站留存。

3. 非付费区内一卡通学生卡超时处理

BOM分析如实训任务中R票务事务处理③中所示,乘客事务处理单填写要求如表7.3所示。

表7.3　乘客事务处理单(非付费区一卡通学生卡超时)

编号:　　A站　　2021年8月29日

事件详情	处理结果
(　)车票无效不能进/出闸	(　)发售免费出站票____张
(　)乘客使用过期票(进闸/出闸)	(　)免费发售单程票____张
(　)乘客无票乘车	(　)收取现金____元,发售单程票____张
(√)~~单程票~~/IC卡超时	(　)退回乘客____元
(　)单程票超程	(√)收取现金__4.5__元,发售付费出站票__1__张
(　)IC卡内余额不足	(　)从设备取出现金____元,退回乘客
(　)单程票/IC卡无出站信息(本站20 min以内)	(　)卡扣费____元
(　)单程票/IC卡无进站信息	(　)补充值____元,对卡进行更新
(　)TVM卡币,设备编号	
(　)退卡,卡编号	
(　)	涉及差额(+/−):¥
备注:	

乘客资料:
姓　　名:×××　　性别:男/女　　年龄:×××　　证件号码:×××
工作单位:×××　　电话:×××
家庭住址:××××××

续表

客服中心岗	×××	客运值班员	×××
员工号	×××	员工号	×××

备注：此表一式三联，第一联上交票务室，第二联乘客留存，第三联车站留存。

五、考核与评价

实操环节由学生、教师和系统进行评分，通过系统评价，学生互评、自评，教师点评，实现多元综合评价，实训总成绩＝组间互评（18%）＋教师评分（25%）＋系统评分（50%）＋进步评分（7%）。

六、思考与习题

（1）简述车站售票作业标准。

（2）车站存在哪些异常票务事务需要处理？

任务二　车站加票、加币作业

一、实训目的

通过本实训，训练学生对半自动售票机的使用，提高实践应用能力。

二、实训设备与知识准备

1. 实训设备

城市轨道交通票务实训系统、AFC 票务仿真系统、票务报表。

2. 知识准备

该项作业在每日开站运营前开展，开展作业时须不少于 2 人，其中 1 人必须是车站值班员及以上岗位人员，另 1 人必须是站务员及以上岗位人员。在作业过程中需注意以下几点：

（1）确保在补币补票过程中现金、车票的安全。

（2）防止错补、漏补硬/纸币或车票。

（3）防止填写报表或将信息输入车站计算机（SC）时填（输）错、填（输）漏。

三、实训任务

（1）车站运营前 TVM 加票作业。

（2）车站运营前 TVM 加币作业。

四、实训指导

（一）系统登录

（1）作业准备。准备好足够数量的硬币、单程票并装入硬币钱箱、单程票票箱，到达需要加币、加票的 TVM 前，设置暂停服务牌。

（2）开门操作。在后维护门门禁刷卡，打开后维护门。

（3）系统登录。在维护单元输入用户名和密码，系统登录成功，如图 7.5 所示。

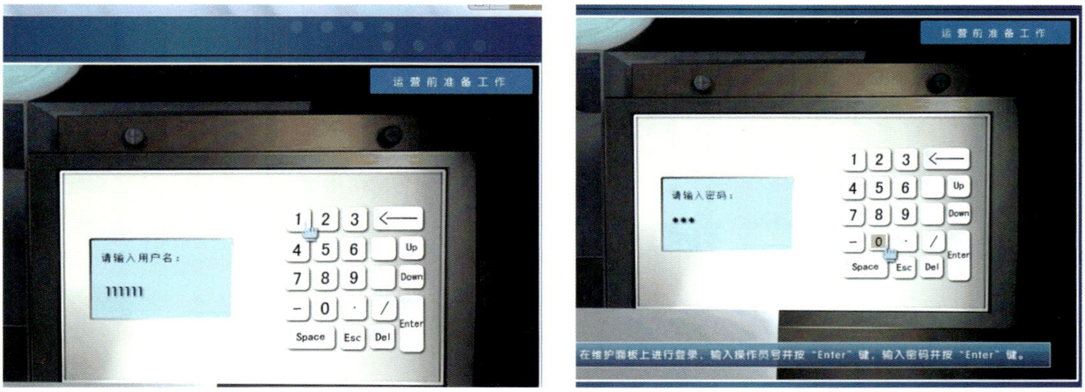

图 7.5　维护系统登录

TVM 加币操作

（二）加币操作

1. 作业准备

（1）设置参数。选择“维护面板”，再选择“补充硬币”，输入代码：20200（若是对 1 元硬币进行补币操作，则需要在维护面板上输入“2××××”，手工输入 1 元硬币添加数量，例如输入 20200，则表示本次添加 200 枚 1 元硬币数量），再按“Enter”键，如图 7.6 所示。

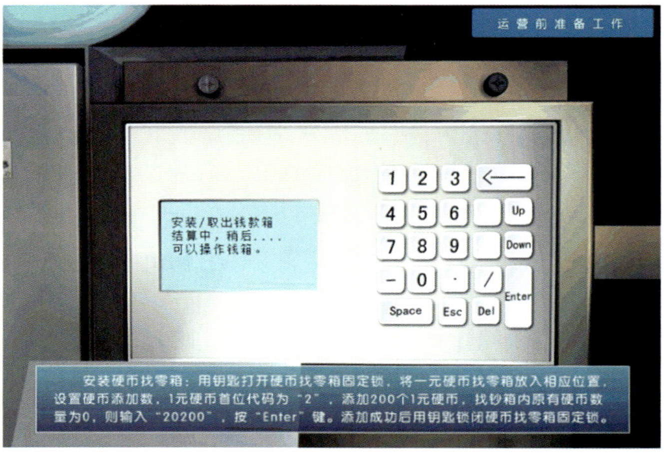

图 7.6　选择添加硬币

(2) 安装票箱。打开硬币找零箱箱位固定锁，将找零箱推入其中，并用钥匙锁闭纸币找零箱固定锁，如图 7.7 所示。

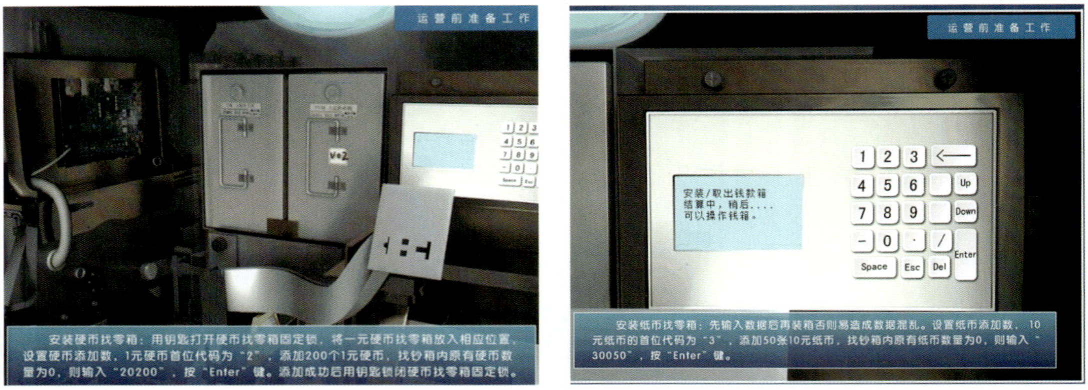

图 7.7　硬币找零箱安装

2. 补充纸币

(1) 设置参数。输入代码：30050(输入 3××××，手工输入添加本次找零箱的补币张数，例如输入 30050，表示本次添加 50 张找零纸币)，再按“Enter”键，如图 7.8 所示。

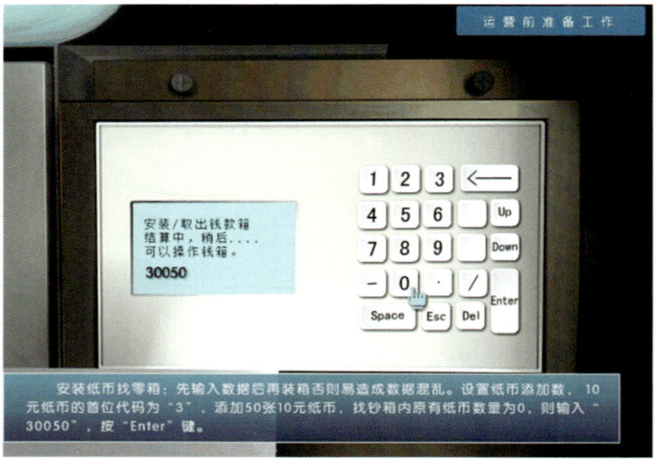

图 7.8　选择添加纸币

(2) 安装票箱。用钥匙打开纸币找零箱固定锁，安装时状态孔为绿色，稍稍抬起纸币找零钱箱，将其推入箱体，并用钥匙锁闭纸币找零箱固定锁，如图 7.9 所示。

3. 纸/硬币回收箱的安装

(1) 将硬币回收箱封门朝上，放入规定位置后，用钥匙锁闭硬币回收箱，如图 7.10 所示。

(2) 纸币回收箱安装时，钱箱上的金手指必须朝左，放入规定位置后，用钥匙锁闭硬币回收箱，并推动推杆固定纸币回收箱，如图 7.11 所示。

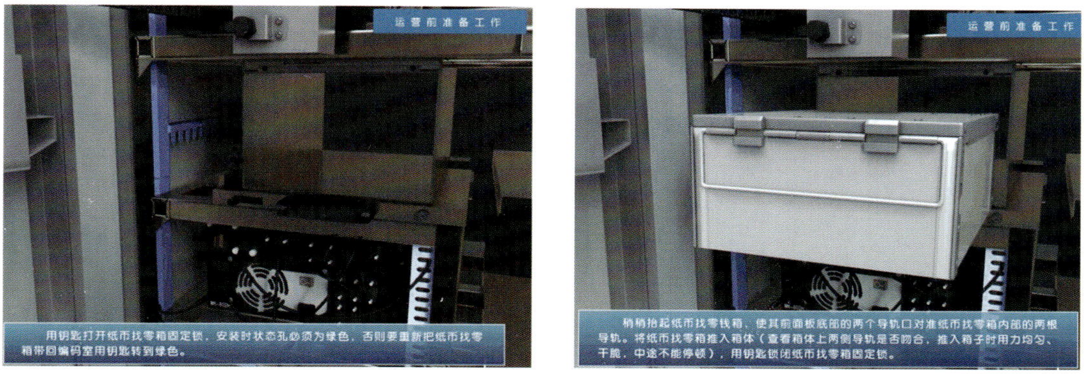

图 7.9　纸币找零箱安装

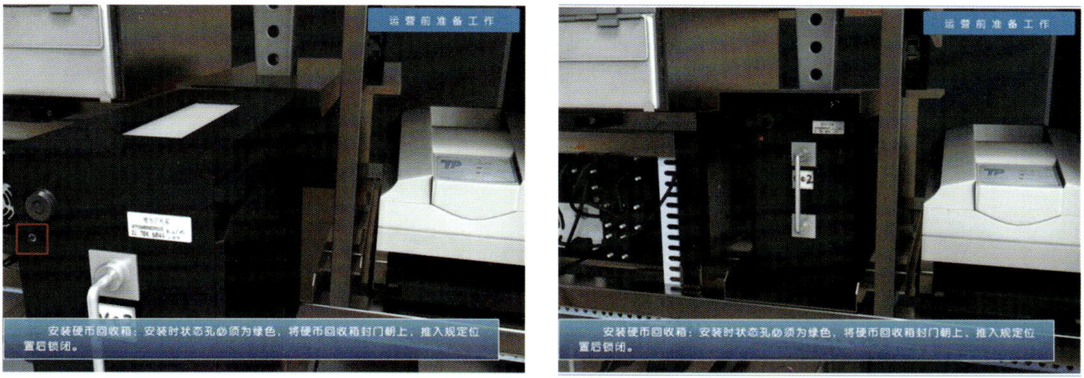

图 7.10　硬币回收箱安装流程

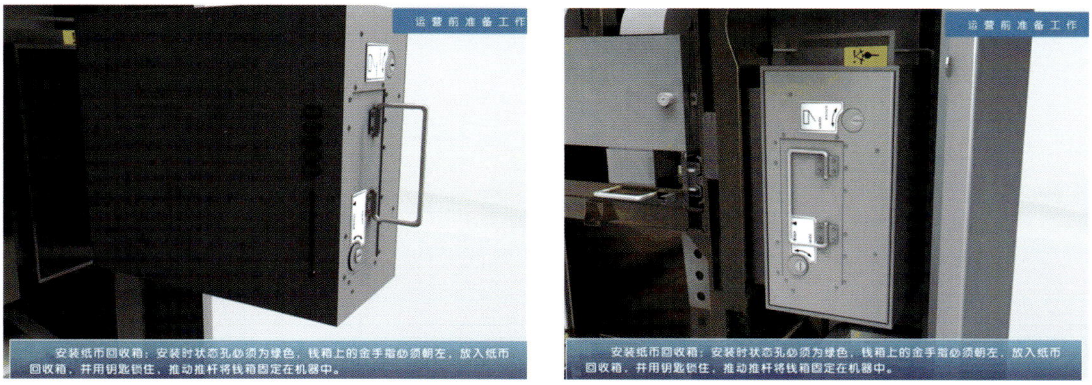

图 7.11　纸币回收箱安装流程

（三）加票操作

TVM 加票操作

（1）补充单程票。选择“日常操作”，再选择“补充单程票”，然后选择“补充票箱 1”或“补充票箱 2”，在相应的票箱槽上推入票箱，补充单程票。

（2）数量确认。标准：维护单元显示“可以补充票箱 1 数量 0 完毕后请确认”，在维护单元上按“清除”键清除 0，输入实际补票数量后，按“确定”键确认。

(3) 票箱安装流程。左手握住把手(图 7.12 红色标注),按下把手上面的扣具(图 7.12 黄色标注),用力将整个模块拉出,分别将前后两个票箱上的档板拉开,把票盒放入自动售票机中,最后将发卡模块推入固定位置,如图 7.12 所示。

图 7.12　票箱安装

(四) 系统退出

(1) 系统退出。TVM 补币、补票完毕后,返回到维护单元上登录后的界面,选择"注销退出"后按"确认"键退出系统,关闭后维护门。

(2) 恢复设备正常。确认 TVM 整机状态恢复正常后,撤除暂停服务牌,操作结束。

五、考核与评价

实操环节由学生、教师和系统进行评分,通过系统评价,学生互评、自评,教师点评,实现多元综合评价,实训总成绩=组间互评(18%)+教师评分(25%)+系统评分(50%)+进步评分(7%)。

六、思考与习题

(1) 车站在何时及何种情况下会进行加票作业?

(2) 车站在何时及何种情况下会进行加币作业?

任务三 车站配票作业

一、实训目的

通过本实训，增强学生对车站配票作业过程的理解。

二、实训设备与知识准备

1. 实训设备

城市轨道交通票务实训系统、AFC票务仿真系统、票务报表。

2. 知识准备

（1）开站前半小时客运值班员准备好给早班售票员配发的车票（客运值班员需先检验车票信息，若发现有失效票，交接班时调整车票库存）、备用金、BOM外置读写器（读写器与读写天线分离的车站、一号线部分车站固定在客服中心的BOM外置读写器除外）等放在售票员配票箱中，同时准备好客服中心钥匙，填写“票务钥匙使用记录表”（见附录五）。

（2）售票员当面清点确认配发的车票、备用金，客运值班员在SC录入配发车票及备用金数据，打印“售票员配票款清单”，售票员签名确认。

（3）如需要给售票员增加车票或备用金，客运值班员在SC录入增加的车票及备用金数据，打印“售票员配票款清单”，售票员签名确认。

（4）如需配发预制单程票，客运值班员在SC录入预制单程票数据，打印“售票员配票款清单”，售票员签名确认。

三、实训任务

A车站共有4台TVM，每日每台TVM补币金额为硬币1 000元，纸币500元。

2021年12月15日，A站客运值班员张三（工号：010121）给早班（上岗时间：7:00—15:00，操作BOM01）售票员李四（工号：010332）单程票50张；纪念票（50元/30次）30张；旅游票（50元）10张；预制单程票（2元）100张；预制单程票（3元）200张；预制单程票（4元）200张；行李票（2元）10张；一卡通30张（押金20元）；配备用金2 000元，追加备用金500元。

1元发票，编号：1121456—1121756；2元发票，编号：1220226—1220726；3元发票，编号：072199—072399；10元发票，编号：17623240—17623300；20元发票，编号：2132220—2132320；50元发票，编号：0832710—0832770；100元发票，编号：0376110—0376160；乘客事务处理单40张，编号：00011—00050。

四、实训指导

车站配票作业相关报表填写要求见附录五。

五、考核与评价

实操环节由学生、教师和系统进行评分，通过系统评价，学生互评、自评，教师点评，实现多元综合评价，实训总成绩＝组间互评(18％)＋教师评分(25％)＋系统评分(50％)＋进步评分(7％)。

六、思考与习题

简述车站配票作业过程。

任务四　车站结算作业

一、实训目的

通过本实训，增强学生对车站结算作业过程的理解，掌握车站结算作业中相关工作人员的作业标准及相关台账的填写方法。

二、实训设备与知识准备

1. 实训设备

城市轨道交通票务实训系统、AFC 票务仿真系统、票务报表。

2. 知识准备

(1) 售票员下班须退出 BOM 系统。

(2) 售票员须收拾好本班所有的票、款及各类报表回 AFC 票务室，与客运值班员按规定共同清点票、款。

① 售票员经 BOM 操作前验票发现的非正常车票，客运值班员及售票员将其封装并放在上交区，客运值班员交接班时调整库存，待票务管理室回收；经 BOM 操作后产生的异常车票，下班结算时客运值班员在 SC 上做失效票录入，车票封装后随当天报表上交收益管理室。

② 客运值班员在 SC 录入该班售票员备用金余额、实收金额、上交车票等数据，打印“售票员下班上交票款清单”，售票员签名确认后，打印“售票员结算单”核对应收款项。若产生长款，随当天票款解行。

③ 对于乘客交来的异常车票，售票员和客运值班员共同检验加封确认，上交收益管理室，并在“售票员结算单”备注栏说明，同时备注上交失效车票、退单程票、其他各类异常车票

(若为储值卡须备注卡号)的数量。上交票务中心后,如发现车票数量、车票状态账实不符,所产生的经济损失由经手客运值班员负责赔偿。

④ 客运值班员按"乘客事务处理单"(见附录三)填写"备用金借出记录表"(见附录三)。

⑤ 实收金额与车票回收张数错输、漏输或其他情况导致票款与车票差异、BOM操作过程中产生的各类异常情况、违规操作填写"车站票务事件说明",由值班站长签名后上交票务中心。

⑥ 晚班售票员交还客服中心的钥匙、BOM外置读写器(读写器与读写天线分离的车站、一号线部分车站固定在客服中心的BOM外置读写器除外),客运值班员在"票务钥匙使用记录表"中确认。

三、实训任务

(一) 售票员结账

关窗单程票40张,废票10张;纪念票(50元/30次)20张;旅游票(50元)8张;预制单程票(2元)100张;预制单程票(3元)200张;预制单程票(4元)200张;行李票(2元)10张;一卡通20张;一卡通充值金额为5 000元。

(二) TVM钱箱清点

A站客运值班员(工号:010121)与值班站长王五(工号:010011)将本站所有TVM钱箱进行清空清点。清点情况如下:

(1) V01纸币钱箱(编号01031)机器显示为1325,实点数为1325;硬币钱箱(编号02022)机器读数为456,实点数为454,发现少2枚硬币。

(2) V02纸币钱箱(编号01032)机器显示为1445,实点数为1445;硬币钱箱(编号02023)机器读数为123,实点数为123。

(3) V03纸币钱箱(编号01034)机器显示为2354,实点数为2354;硬币钱箱(编号02026)机器读数为564,实点数为564。

(4) V04纸币钱箱(编号01037)机器显示为1541,实点数为1541;硬币钱箱(编号02028)机器读数为365,实点数为365。

四、实训指导

车站结算作业相关票务报表填写要求见附录六。

五、考核与评价

实操环节由学生、教师和系统进行评分,通过系统评价,学生互评、自评,教师点评,实现多元综合评价,实训总成绩=组间互评(18%)+教师评分(25%)+系统评分(50%)+进步评分(7%)。

六、思考与习题

车站结算主要有哪些作业内容?

任务五　车站解行作业

一、实训目的

通过本实训，增强学生对车站解行作业的理解，掌握车站解行作业过程中的作业要求及台账填写要求。

二、实训设备与知识准备

1. 实训设备

城市轨道交通票务实训系统、AFC 票务仿真系统、票务报表。

2. 知识准备

(1) 解行负责人：当值车站客运值班员职责。

(2) 解行操作程序：

① 客运值班员与值班站长或厅巡双人在监控摄像有效范围内清点并将票款按银行要求打包。

② 客运值班员填写“现金缴款单”(见附录七)，一并放入银行提供的专用现金解行箱内，加封后存放 AFC 票务室现金安全区域。

③ 客运值班员必须在系统报表生成前将当天解行金额录入 SC，打印“现金解行清单”，并由另一名人员进行核对确认。

④ 各站根据与金融押运公司制定的解行时间，在车站 AFC 票务室由当班客运值班员负责解行。

⑤ 客运值班员与押运公司职员办理交接，核对押运公司职员身份后在“押运交接单”“押运尾箱交接单”上签名确认。

⑥ 客运值班员接收到押运公司解回的专用现金解行箱，应第一时间开箱验收，如发现箱内有现金或其他可疑物品，应及时上报收益管理室。

⑦ 车站收到的“现金缴款单”回单随当天报表上交收益管理室。

三、实训任务

夜班清点 TVM 票款，清点表格如表 7.4 所示，请根据清点表格及其他相关信息填写“站务员缴款单”。

当日晚班售票员票款为 100 元 2 张、50 元 2 张、10 元 524 张、5 元 301 张、1 元 482 枚、1 角 6 枚；封包条号码为 0038。

表 7.4　清点表格

设备编号	纸币钱箱(单位:张/枚)					
	100 元	50 元	10 元	5 元	1 元	1 角
S1	1		120	80	120	1
S2		1	130	60	120	1
S3	1		137	50	120	2
S4		1	137	111	122	2

四、实训指导

“站务员缴款单”如图 7.13 所示。

*** 线 ** 站务员缴款单**

2021 年　9　月　15　日

站务员姓名	员工号	班次	钱袋号码
***	******	夜	**

金额（大写）：柒仟伍佰贰拾柒元陆角	千	百	十	万	千	百	十	元	角	分
				¥	7	5	2	7	6	0

票面	张数	金额	票面	张数	金额
100元	2	200.00	2元		
50元	2	100.00	1元	482(枚)	482.00
20元			5角		
10元	524	5240.00	2角		
5元	301	1505.00	1角	6(枚)	0.60

备注：封包条号码：0038

值站/客值签名：***　　　　员工号：******

一式两联　　第一联——银行（白色）　　第二联——车站（蓝色）

图 7.13　《站务员缴款单》

五、考核与评价

实操环节由学生、教师和系统进行评分，通过系统评价，学生互评、自评，教师点评，实现多元综合评价，实训总成绩=组间互评(18%)+教师评分(25%)+系统评分(50%)+进步评分(7%)。

六、思考与习题

简述票款解行的操作程序。

模块三

行 车 组 织

项目八　列车运行图编制

任务一　列车运行图识读与指标计算

一、实训目的

（1）熟悉列车运行图的组成。

（2）熟练识读列车运行图技术参数。

二、实训设备与知识准备

1. 实训设备

列车运行图编制系统（有条件）或给定运行图、黑色水笔 1 支和 A4 白纸一张。

2. 知识准备

（1）定义与作用。列车运行图是利用坐标原理表示列车运行时间与空间关系的图解，是行车组织工作的基础。

（2）运行图组成。横轴、纵轴、水平线、垂直线、斜线及车次组成。

（3）列车运行线可分为计划运行线（常用黑色表示）与实际运行线（常用红色表示）。

（4）运行图格式。一分格、两分格、十分格及小时格运行图。

（5）运行图要素。时间要素、数量要素、其他相关要素。

（6）旅行时间。列车运行一个单程所消耗的全部时间，包括列车区间运行时间、各中间站的停站时间及各中间站启停车附加时间，公式为

$$t_{\text{旅行}} = \sum t_{\text{运}} + \sum t_{\text{停}} + \sum t_{\text{附加}}$$

（7）技术时间。列车单程运行过程中的区间运行时间及各中间站启停车附加时间，公式为

$$t_{\text{技术}} = \sum t_{\text{运}} + \sum t_{\text{附加}}$$

（8）列车周转时间。列车在线路上往返一次所消耗的全部时间，公式为

$$\theta_{\text{列车}} = \sum t_{\text{运}} + \sum t_{\text{站}} + \sum t_{\text{折停}} \quad \text{或} \quad \theta_{\text{列车}} = t_{\text{旅行}}^{\text{上行}} + t_{\text{旅行}}^{\text{下行}} + \sum t_{\text{折停}}$$

三、实训任务

如图 8.1 所示，回答出图中问题：

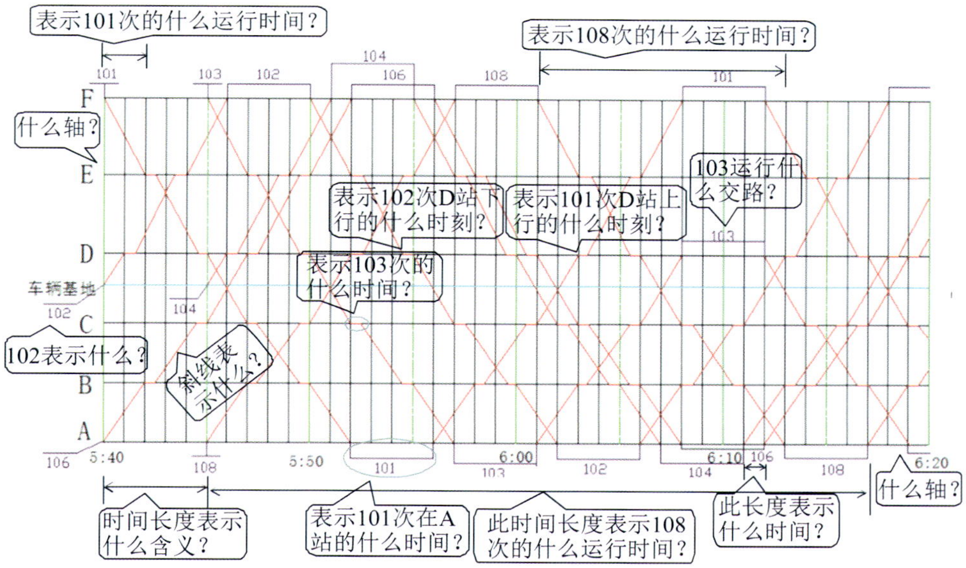

图 8.1 运行图(含问题)

四、实训指导

如图 8.2 所示，为任务的解答。

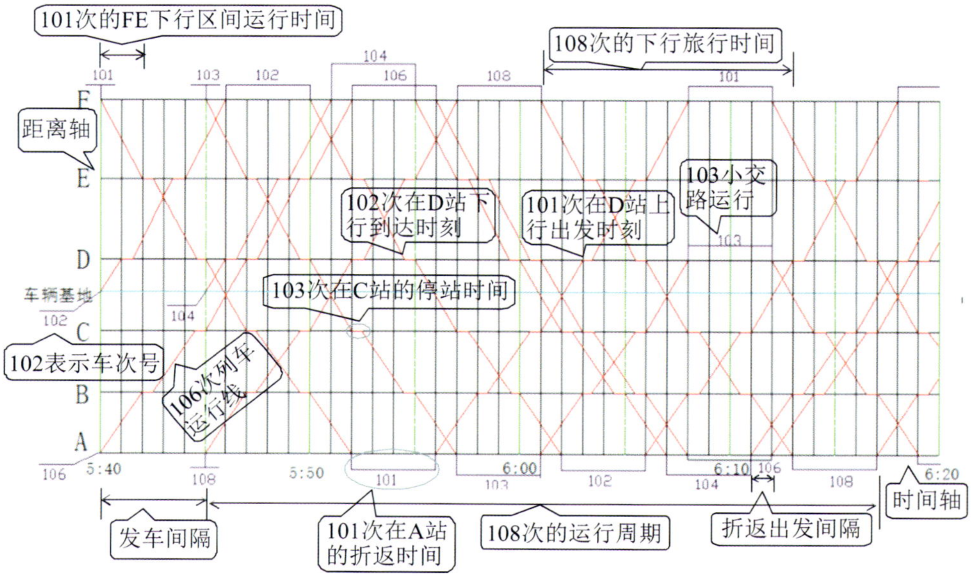

图 8.2 运行图(含解答)

五、考核与评价

实操环节由学生、教师和系统进行评分，通过系统评价，学生互评、自评，教师点评，实现多元综合评价，实训总成绩＝组间互评（18%）＋教师评分（25%）＋系统评分（50%）＋进步评分（7%）。

六、思考与习题

（1）简述运行图的组成要素。
（2）简述旅行时间与技术时间的含义。
（3）简述旅行时间与技术时间的计算公式及两者之间的联系。
（4）简述列车周转时间的含义与公式。
（5）简述列车运行线分类，其方向与斜率变化表示什么特征意义？

任务二　列车运行图铺画

一、实训目的

（1）熟悉列车运行图铺画过程。
（2）熟悉列车运行图铺画方法。

二、实训设备与知识准备

1. 实训设备

给定空白运行图、线路图；黑色水笔、铅笔各 1 支；橡皮擦 1 个；直尺或三角板 1 个。

2. 知识准备

（1）行车间隔。正线上同一运行方向两相邻列车在时间或空间上的间隔。
（2）运用车底数或上线列车数：

$$N_{车组}=\frac{\theta_{列车}}{T_{间隔}}$$

三、实训任务

已知：列车停站方案为站站停且停站时间为 1 min，运行采用单一大交路运行方式，A、E 站折返时间分别为：$T_A=4$；$T_E=4$、$T_{间隔}=5$，区间运行时间：$T_{A-B}=T_{B-A}=3$、$T_{B-C}=T_{C-B}=2$。$T_{C-D}=T_{D-C}=4$、$T_{D-E}=T_{E-D}=2$，注：车次号＝目的码（两位，A 至 E 编号依次为 01 至

05)＋服务号(两位,标识列车出基地顺序)＋行程号(两位,上行为双数、下行为单数,交替顺序编号),其中目的地码从 A 站至 E 站(编号依次为 01 至 05),服务号从 01 开始编。

任务:

(1) 请计算上线列车数;

(2) 请画出 12:00—12:30 时段列车运行图(在图 8.3 上绘制出草图,并进行相应调整),其中 12:00 为始发,且 A、E 双向始发。

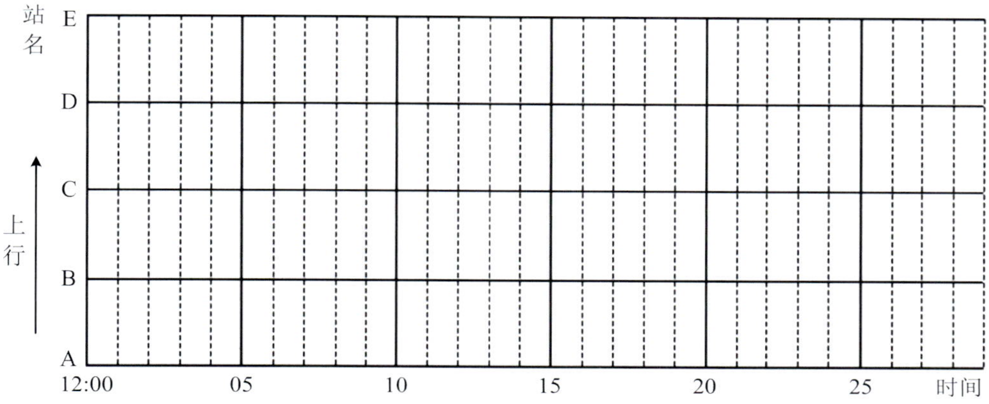

图 8.3 列车运行图底图

四、实训指导

(1) 计算上线列车数为:

$$\theta_{列车} = \sum t_{运} + \sum t_{站} + \sum t_{折停} = 36\ (\mathrm{min})$$

$$N_{车组} = \frac{\theta_{列车}}{T_{间隔}} = \frac{36}{5} \approx 7.2 = 8$$

(2) 运行绘制与调整,如图 8.4 所示。

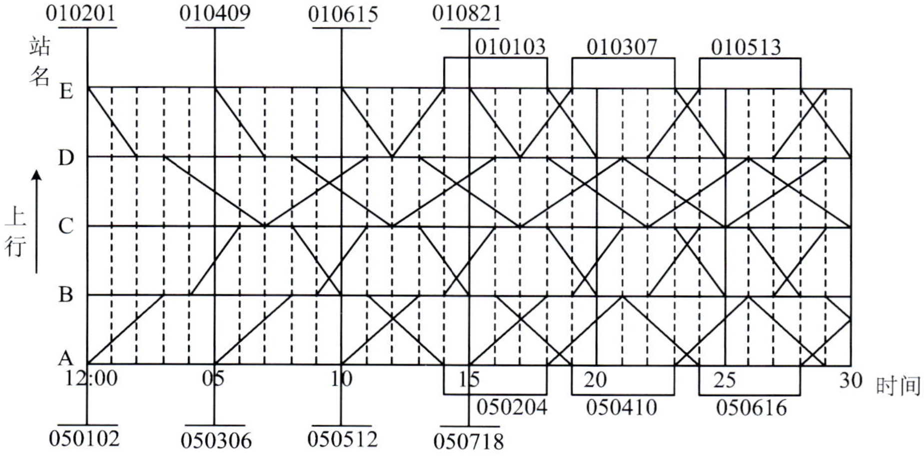

图 8.4 列车运行绘制与调整

其中,两点重要调整原则:上下行同时到站列车时间上错开(避免造成车站站台拥堵);折返站折返出发间隔时间满足信号设备等技术要求。

五、考核与评价

实操环节由学生、教师和系统进行评分,通过系统评价,学生互评、自评,教师点评,实现多元综合评价,实训总成绩=组间互评(18%)+教师评分(25%)+系统评分(50%)+进步评分(7%)。

六、思考与习题

(1) 简述行车间隔含义。
(2) 简述运用车车底数量或上线列车数计算公式。
(3) 运行图铺画后调图需要注意哪些事项?

任务三 列车运行图指标计算

一、实训目的

通过本实训,使学生掌握列车运行图常见指标计算方法。

二、实训设备与知识准备

1. 实训设备

给定空白纸、黑色水笔、计算器。

2. 知识准备

(1) 全日车辆总走行公里。全日车辆总走行公里是指车辆为运送乘客在运营线路上所走行的里程,它包括固定的车辆空驶里程和由于某种原因列车在中途清客或列车在少数车站通过后仍继续载客的车辆空驶里程,计算公式为:

$$\text{全日车辆总走行公里} = \sum(\text{客运列车数} \times \text{列车编组数量} \times \text{列车运行距离})$$

(2) 车辆日均走行公里(日车公里)。车辆日均走行公里(日车公里)是指每一运用车辆每日平均走行公里数,计算公式为:

$$\text{车辆日均走行公里} = \frac{\text{全日车辆总走行公里}}{\text{全日运用车辆数}}$$

(3) 运送能力:

$$p = n_{\text{通}} \times m \times p_{\text{车}}, \quad n_{\text{通}} = \min\{n_{\text{线路}}, n_{\text{折返}}, n_{\text{出车}}, n_{\text{供电}}\}$$

其中:$n_{\text{通}}$ 表示单位小时开行列车数(通过能力);m 表示列车编组数量;$p_{\text{车}}$ 表示车辆定员数

（人）；$n_{线路}$表示线路通过能力（列）；$n_{折返}$表示折返站折返能力（列）；$n_{出车}$表示车辆基地列车出车能力（列）；$n_{供电}$表示供电设备通过能力（列）。

三、实训任务

1. 已知条件

（1）已知今日有10列车正常运营（列车6节编组），其中101次、103次、105次、107次、109次5列由A站出库线出库至上行站台载客运营；202次、204次、206次、208次、210次5列由Q站出库线出库至上行站台折返后空车至T站载客投入运营。

（2）线路共有20个车站，A站至T站单程30 km，A站至Q站单程24 km，Q站至T站单程6 km。

（3）10列车均需在T站折返，101次、103次、105次、107次、109次5列由A站出入库线回场，202次、204次、206次、208次、210次5列由Q站出库线回段。

（4）105次列车在T站第2次折返时发生故障，调度安排其空车至A站下行回库。

（5）线路图如图8.5所示。

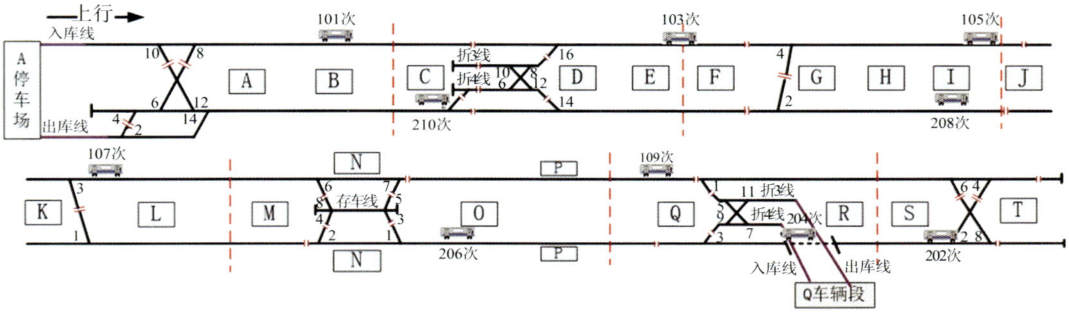

图 8.5 线路图

2. 指标计算

（1）车辆日均走行公里的公式。

（2）根据公式计算车辆日均走行公里。

四、实训指导

（1）车辆日均走行公里的公式为：

$$全日车辆总走行公里 = \sum(客运列车数 \times 列车编组数量 \times 列车运行距离)$$

$$车辆日均走行公里 = \frac{全日车辆总走行公里}{全日运用车辆数}$$

（2）计算车辆日均走行公里：

$$全日车辆总走行公里 = (30 \times 4 \times 5 \times 2 + 30 \times 2 \times 2 + 30 \times 2 \times 6) \times 6 = 10\,080\ (\text{km})$$

$$车辆日均走行公里 = \frac{全日车辆总走行公里}{全日运用车辆数} = \frac{10\,080}{10 \times 6} = 168\ (\text{km/辆})$$

五、考核与评价

实操环节由学生、教师和系统进行评分，通过系统评价，学生互评、自评，教师点评，实现多元综合评价，实训总成绩＝组间互评（18％）＋教师评分（25％）＋系统评分（50％）＋进步评分（7％）。

六、思考与习题

（1）简述车辆总走行公里数的含义。

（2）简述车辆总走行公里数计算公式。

项目九　行车设备运用

任务一　车站车控室设备认知与操作

一、实训目的

通过本实训，使学生熟悉并掌握常规的车站车控室相关设备功能。

二、实训设备与知识准备

1. 实训设备

行车标准化3D模拟仿真系统、运营仿真实训室设备或校企合作校外实训基地设备。

2. 知识准备

司机室主要设备与功能。

三、实训任务

实现对车站控制室设备的识读与功能的掌握。

四、实训指导

车控室介绍

（一）车站控制室布局

车站控制室布局如图9.1所示。

图9.1　车站控制室布局

(二)车站控制室常见设备

1. 综合监控系统

综合监控系统(Integerated Supervisory Control System,ISCS)集成了城市轨道交通系统中各设备的监控系统。如火灾报警系统(FAS)、数据采集与监视控制系统(SCADA)、轨道交通机电设备监控系统(EMCS)、通信各子系统、电力系统、自动售检票系统(AFC)等,方便工作人员监控管理各类设备系统,如图 9.2 所示。

ISCS 介绍

2. ATS 工作站

车站值班员获得 ATS 控制权时,通过工作站提供的现场设备状态和列车运行状况进行操作,实现对本站管辖范围内车站进路及信号控制、列车车次号控制、列车运行调整。工作站还具有模拟运行和重放功能,并可提供人员培训和运营记录检查,如图 9.3 所示。

ATS 工作站介绍

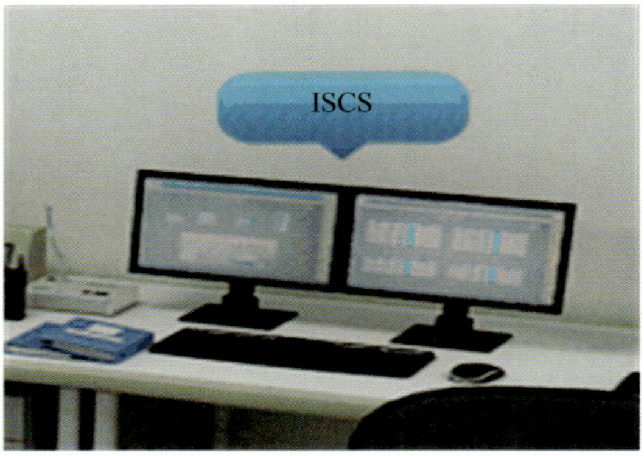

图 9.2　ISCS

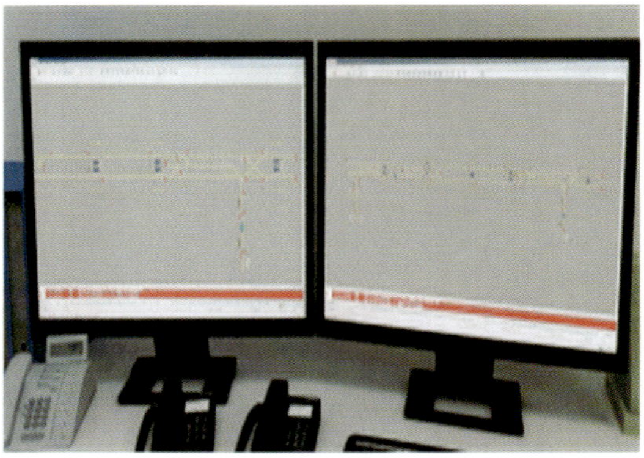

图 9.3　车站 ATS

3. CCTV

CCTV 是安全技术防范体系中的一个重要组成部分,它可以通过遥控摄像机及其辅助设备直接观看被监控场所的一切情况。在城市轨道交通系统中主要用来监视车站客流及列车运行情况,以确保乘客及行车安全、快速处理突发事件等,如图 9.4 所示。

CCTV 介绍

4. 车站广播

车站广播(PA)是通过无线电或线路传送声音信息的工具。工作人员通过操作控制盘来实现各岗位间的信息传送,以及向车站公共区域乘客传送行车相关信息,如图 9.5 所示。

车站广播介绍

5. 手持台

手持台是无线通信设备,主要用于车站值班员与站台人员、司机之间的对讲通信,如图 9.6 所示。

手持台介绍

6. IBP 盘

IBP 盘放置在车站车控室内,是一种集成了消防、环境、信号、运营等设备的控制终端。日检作业中,车站值班员通过站台门板块对上下行站台门进行测试作业。操作方式一般为将转换开关切到“PEC 允许”挡位,按下“开/关门”按钮来操作站台门,操作完毕,转换开关切回“自动”挡位,如图 9.7 所示。

IBP 盘介绍

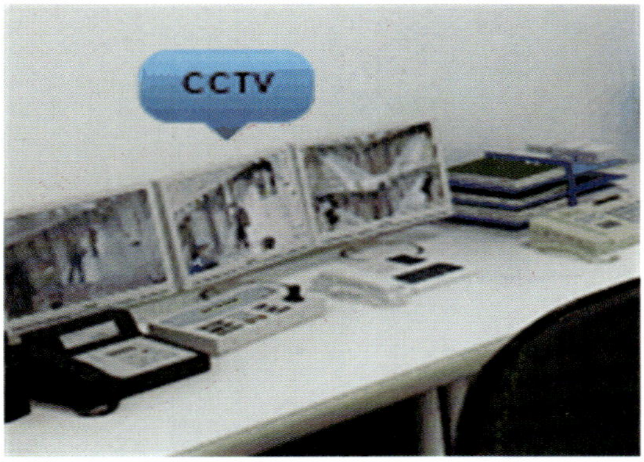

图 9.4 车站 CCTV

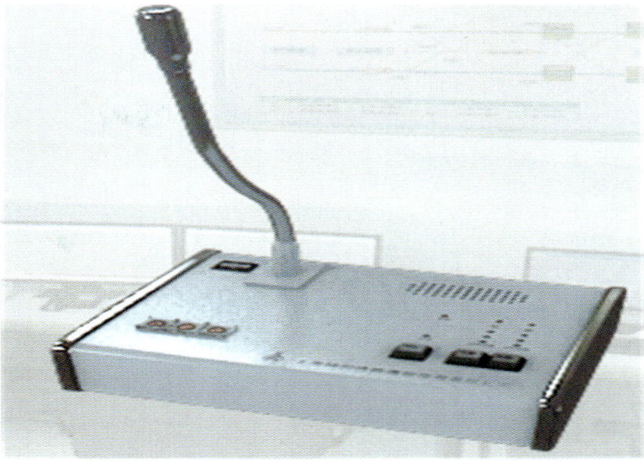

图 9.5 车站 PA

图 9.6 手持台

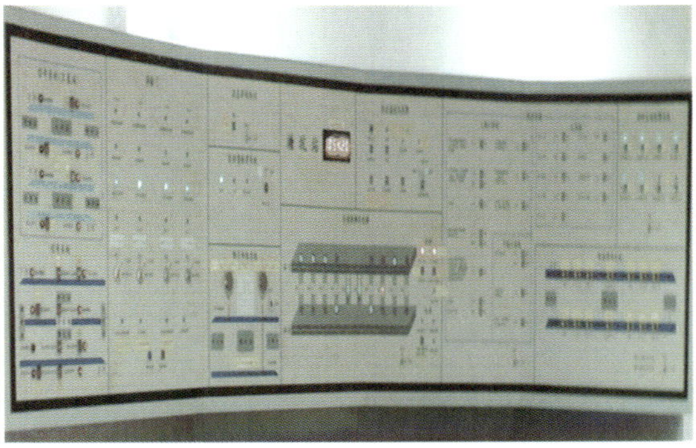

图 9.7 IBP 盘

五、考核与评价

实操环节由学生、教师和系统进行评分，通过系统评价，学生互评、自评，教师点评，实现多元综合评价，实训总成绩=组间互评(18%)+教师评分(25%)+系统评分(50%)+进步评分(7%)。

六、思考与习题

(1) 车站按照管理方式一般分为哪几种?

(2) 集中站与非集中站的车控室设备最主要的区别在哪里?

任务二 车辆基地设备认知与操作

一、实训目的

通过本实训，使学生熟悉并掌握车辆基地主要场所布局、常规的设备及功能。

二、实训设备与知识准备

1. 实训设备

行车标准化3D模拟仿真系统、运营仿真实训室设备或校企合作校外实训基地设备。

2. 知识准备

车辆基地主要设备及其功能。

三、实训任务

实现对车辆基地设备的了解与功能的掌握。

四、实训指导

(一) 车辆基地总体布局

车辆段总体布局

车辆基地总体布局如图9.8所示。

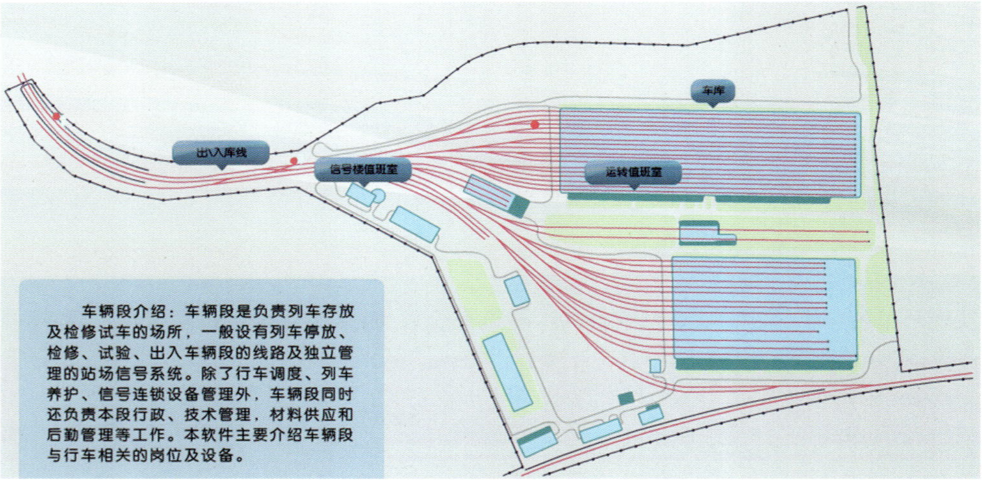

图9.8　车辆基地总体布局

(二) 基地各主要场所设备常见设备

1. 出/入库线

出/入库线

出/入库线是连接车辆段与正线之间的线路，用于列车出库、入库及库内调车等作业，如图9.9所示。

2. 一度停车牌

一度停车牌

一度停车牌指示列车在此位置停车，停车时司机室车门与停车牌位置横向对齐。出库线两处设有一度停车牌，入库线一处设有一度停车牌。其作用分别为：

(1) 出库线第一处停车牌。司机通过此停车牌后的信号机确认出库线路。

(2) 出库线第二处停车牌。司机通过列车显示单元确认获得列车定位信息。

(3) 入库线一度停车牌。司机转换驾驶模式,与信号楼车调联控回库,如图 9.10 所示。

图 9.9　出/入库线

图 9.10　一度停车牌

3. 调车信号机

调车信号机用于开放、禁止调车信号,设于完整调车作业进路的起点,由到发线、调车线、牵出线、专业线等向咽喉调车作业时均设置该信号机。此信号机一般有两灯位:上位灯白色,点亮表示通过信号;下位灯蓝色,点亮表示禁止信号,此灯常亮,如图 9.11 所示。

调车信号机

4. 道岔

道岔是一种使列车从一股道转入另一股道的线路连接设备,每一组道岔由转辙机、岔心、两根护轨和岔枕组成,由长柄以杠杆原理拨动两根活动轨道,使车辆轮缘依开通方向驶入预定进路。利用道岔,可以充分发挥线路的通过能力,如图 9.12 所示。

道岔

图 9.11　调车信号机

图 9.12　道岔

5. 复式信号机

复式信号机的作用在于显示后方弯道处的列车信号机的信号状态,便于列车司机察看弯道处信号机的开放状态。列车信号机禁止通过时复式信号机显示黄色,列车信号机允许通过时复式信号机显示绿色,如图 9.13 所示。

复示信号机

6. 列车信号机

列车信号机用来排放列车进路，开放列车通过信号。此信号机一般有三灯位：上位灯绿色，点亮表示通过信号；中位灯红色，点亮表示禁止信号，此灯常亮；下位灯常灭不开放，如图 9.14 所示。

列车信号机

图 9.13 复式信号机

图 9.14 列车信号机

7. 入库信号机

此入库信号机为五灯四显示信号机，根据不同行车需求开放灯位指导列车入库，如图 9.15 所示。此信号机的灯位显示：

入库信号机

(1) 红色灯光：禁止越过该信号机入场。

(2) 红色灯光＋白色灯光：为引导信号，允许列车不停车，以 20 km/h 的速度越过该信号机入场，并随时准备停车。

(3) 两个黄色灯光：准许列车经道岔侧向位置，进入场内的侧股道准备停车。

8. 信号楼值班室

信号楼值班室是信号楼值班员通过微机联锁终端、电话、CCTV 等设备进行调度及监控，按照生产计划排放进路、接发列车作业，确保行车工作“安全、正点”进行的工作场所，如图 9.16 所示。

信号楼值班室

图 9.15 入库信号机

图 9.16 信号楼值班室

9. 微机联锁

微机联锁系统是城市轨道交通行车指挥自动化控制系统的一个重要组成部分。它是由微型计算机和其他一些电子、继电器件以及各种计算机软件组成的具有故障一安全性能的实时控制系统。用计算机技术实现了信号、道岔和进路间一定的制约关系和操作顺序，确保了行车安全和必要的通过能力，并具有安全性高、反应快、占地小、成本低、功耗小的特点。在车辆段信号楼值班室内的微机联锁显示终端可以对车辆段内的线路进行操作，调配列车安全有序地出/入车库，如图 9.17 所示。

微机联锁

10. 库内广播

通过无线电波线路传送声音信息的工具，工作人员通过操作控制盘来实现各岗位间的信息传递，如图 9.18 所示。

库内广播

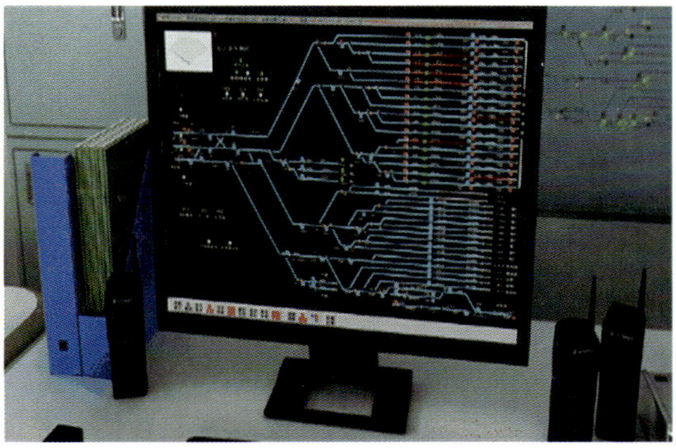

图 9.17 微机联锁系统

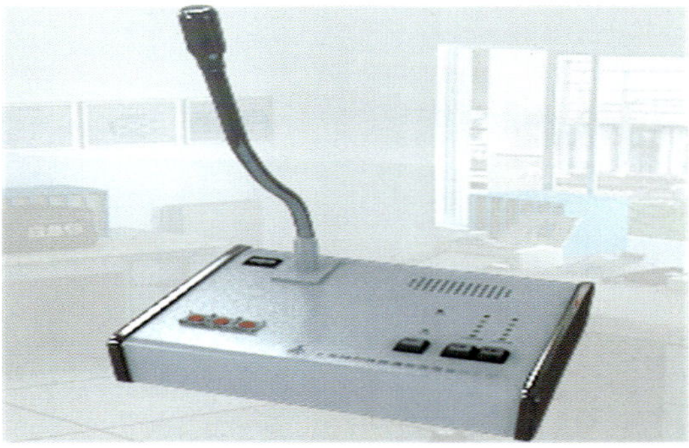

图 9.18 库内广播

11. 微机联锁电气操作终端

当两套微机联锁操作终端都出现故障的时候可以使用微机联锁电气操作终端进行排放进路等操作，如图 9.19 所示。

微机联锁电气操作终端

12. CCTV

CCTV 是安全技术防范体系中的一个重要组成部分，它可以通过遥控摄像机及其辅助设备直接观看被监视场所的一切情况。车辆段信号楼的 CCTV 监视终端主要用于监视并记录车辆段停车库和其他重要场所的现场情况，以便有效地监视库内列车和发车情况，并配合防灾系统设备对灾害情况尽早做出准确的反应，如图 9.20 所示。

CCTV

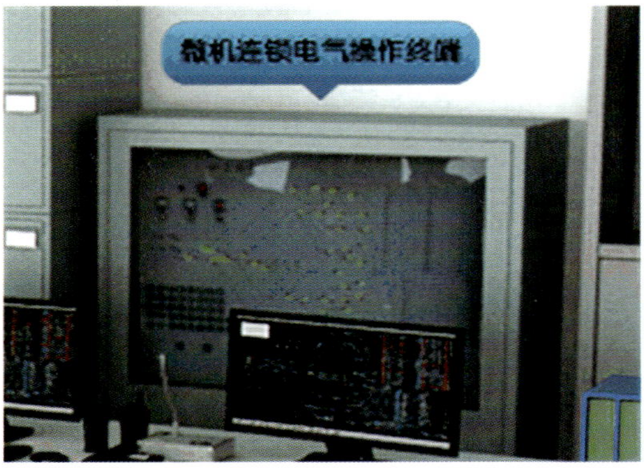

图 9.19 微机联锁电气操作终端

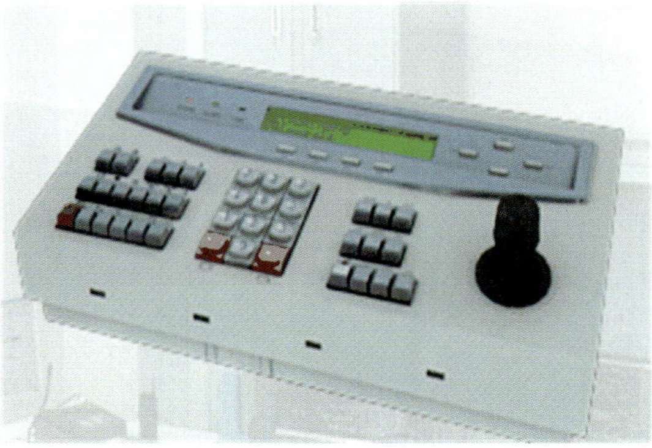

图 9.20 CCTV 操作终端

13. 无线对讲工作站

工作站包括一个显示器、无线对讲工作台、一个对讲机、一个话筒，实现控制台与车载无线台的列车之间的通信。如日常手持对讲机通话、列车司机室内广播等，如图 9.21 所示。

无线对讲工作站

14. 行车调度电话

车辆信号楼值班员用调度电话接受行车调度发出的调度命令及接收有关行车事宜，或呼叫行车调度汇报，或询问行车情况，如图 9.22 所示。

行车调度电话

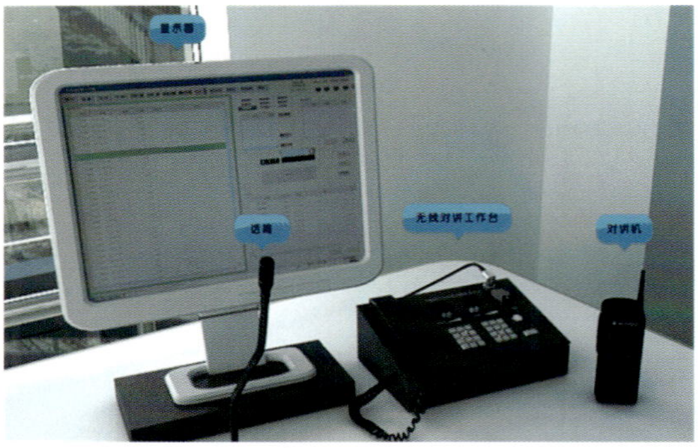

图 9.21 无线对讲工作台

图 9.22 行车调度电话

15. 运转值班室

车辆段运转值班室是调派车辆、监控行车设备、组织保养巡检及开展其他日常事务的工作场所，集中了各类通信设备、微机联锁设备及各类生产单据，用以保障车辆段内有序进出车作业，如图 9.23 所示。

运转值班室

16. 应急包

应急包内配有绝缘棒、绝缘钳、绝缘手套、对讲机、手电、防毒面具、毛巾等工具，供司机在列车故障或紧急情况下使用，如图 9.24 所示。

应急包

图 9.23 运转值班室

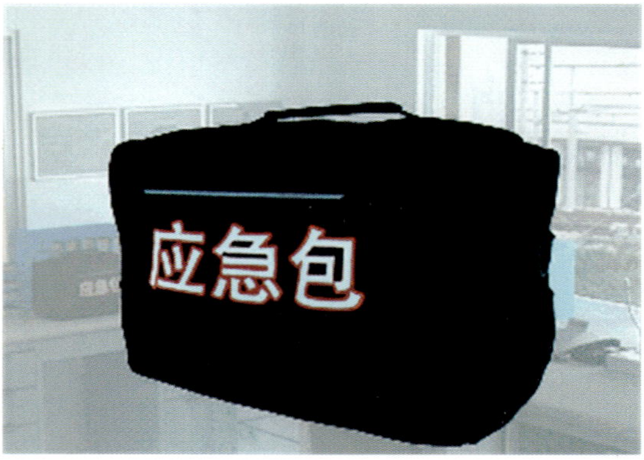

图 9.24 应急包

17. 传真机

车辆段运转值班室的传真机用来与控制中心相互传送、接收图像信息，如图 9.25 所示。

18. 车库

车库是停放列车，便于工作人员对列车进行日常检查、设备维护、试车调车等作业的场所。车库一般设置A股和B股两段停车位，如图9.26所示。

车库

图9.25　传真机

图9.26　车库

19. 调车信号机

调车信号机用于开放禁止调车信号，设于完整调车作业进路的起终点，由到发线、调车线、牵出线、专业线等向咽喉调车作业时均设置该信号机。此信号机一般有两灯位：上位灯白色，点亮表示通过信号；下位灯蓝色，点亮表示禁止信号，此灯常亮，如图9.27所示。

20. 库内列车信号机

库内列车信号机用来排放列车进路，开放列车通过信号。此信号机一般有三灯位：上位灯绿色，点亮表示通过信号；中位灯红色，点亮表示禁止信号，此灯常亮；下位灯常灭不开放。此库内列车信号机作为A股端的进路阻挡信号机，同时开放从A股向B股的调车信号，如图9.28所示。

库内列车信号机

图9.27　调车信号机

图9.28　库内列车信号机

21. 隔离开关

隔离开关是指在分闸位置能够按照规定的要求提供电器隔离断口的机械开关装置。隔离开关与断路器配合，换接供电线路。车库内每个股道上都装有隔离开关装置，开关指示灯红灯亮表示隔离开关工作正常，如图9.29所示。

隔离开关

图 9.29　库内隔离开关

五、考核与评价

实操环节由学生、教师和系统进行评分，通过系统评价，学生互评、自评，教师点评，实现多元综合评价，实训总成绩＝组间互评(18％)＋教师评分(25％)＋系统评分(50％)＋进步评分(7％)。

六、思考与习题

车辆基地主要工作部门有哪些？

任务三　司机室设备认知与操作

一、实训目的

通过本实训，使学生熟悉并掌握常规的司机驾驶台相关设备操作方法及其功能。

二、实训设备与知识准备

1. 实训设备

行车标准化 3D 模拟仿真系统、运营仿真实训室设备或校企合作校外实训基地设备。

2. 知识准备

司机室主要设备与功能。

三、实训任务

实现对司机室设备的了解与功能的掌握。

四、实训指导

（一）司机室布局

司机室是司机操作控制列车并与其他相关岗位进行通信的主要场所。司机室包含了司机主操作台、司机副操作台、车载无线电通信设备、车载计算机机柜、CCTV 及其他消防安全设备，如图 9.30 所示。

司机室

图 9.30　司机室布局

（二）司机室常见设备

1. 操作手柄

操作手柄有方式/方向手柄和主手柄两种，如图 9.31 所示。

（1）方式/方向手柄。通过前后滑动此手柄来切换列车的驾驶模式。

（2）主手柄。通过前后滑动此手柄来控制列车牵引或制动。

2. 行车控制按钮

行车控制按钮如图 9.32 所示。

（1）ATO RM/ATPM 按钮。在 ATO 模式、RM 或 ATPM 模式可用时，按下此按钮对上述模式进行切换。

（2）ATO 运行。列车驾驶模式为 ATO 且满足发车条件时，按下此按钮启动列车运行。

（3）ATO 紧急制动复位。列车在紧急制动状态时，按下此按钮缓解列车紧急制动。

3. TOD

TOD 即 Train Operator Display，简称“列车显示单元”。显示列车模式、速度、运行距离等信息并提供列车车次号的设置面板，如图 9.33 所示。

TOD

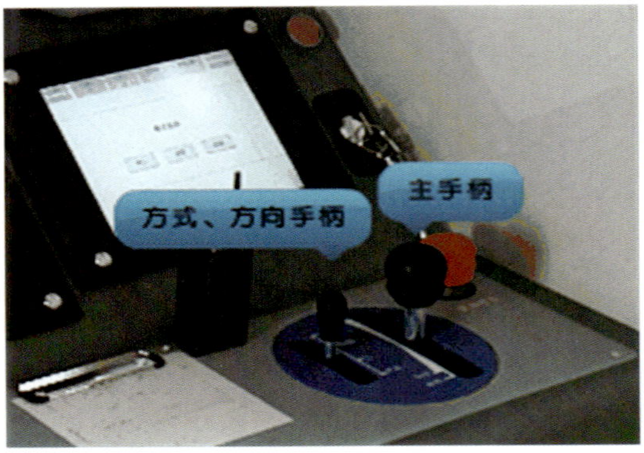

图 9.31　司机操作手柄

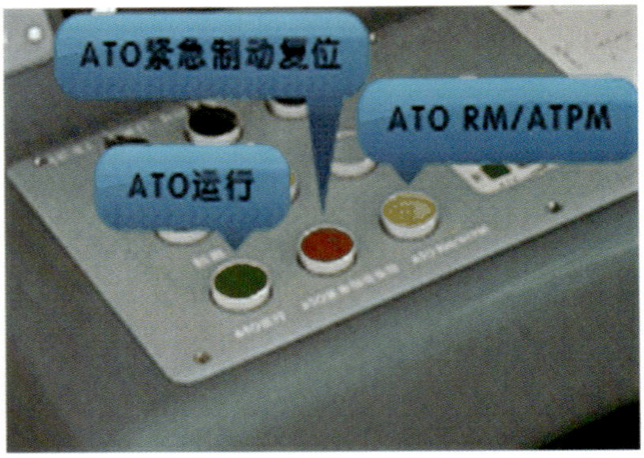

图 9.32　行车控制按钮

4. HMI 面板

HMI 即 Human Machine Interface，简称“人机界面”。它提供了报站广播设置功能并实时显示车门状态、动力、照明及空调信息，如图 9.34 所示。

HMI 面板

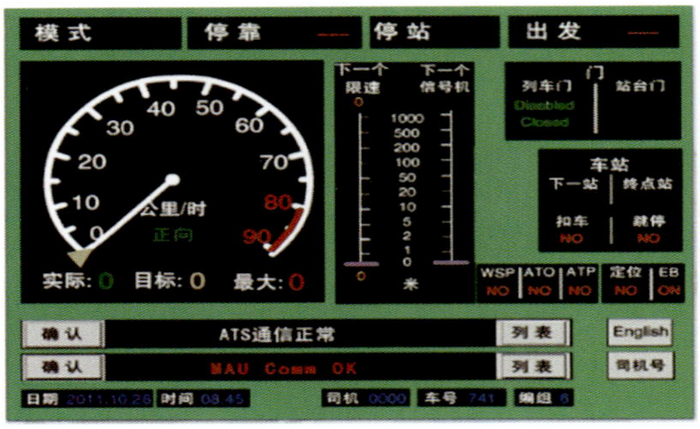

图 9.33　TOD 屏

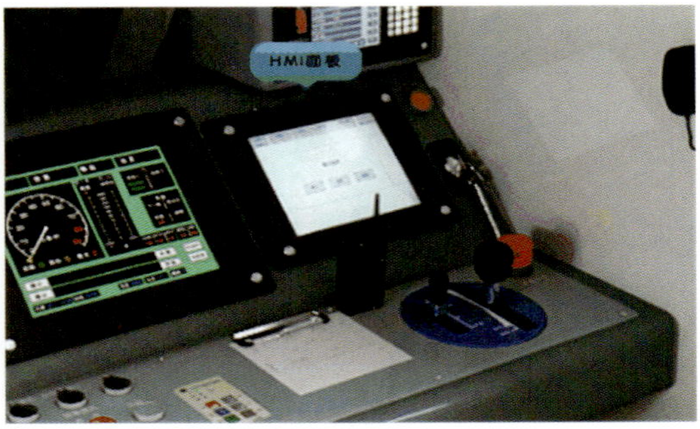

图 9.34　HMI

5. 开、关门按钮

开、关门按钮是用来控制列车车门开关的按钮，如图 9.35 所示。

6. 车载广播

车载广播是用来向车厢内乘客广播信息的工具。每个列车司机室都配有车载广播，如图 9.36 所示。

图 9.35　开、关门按钮

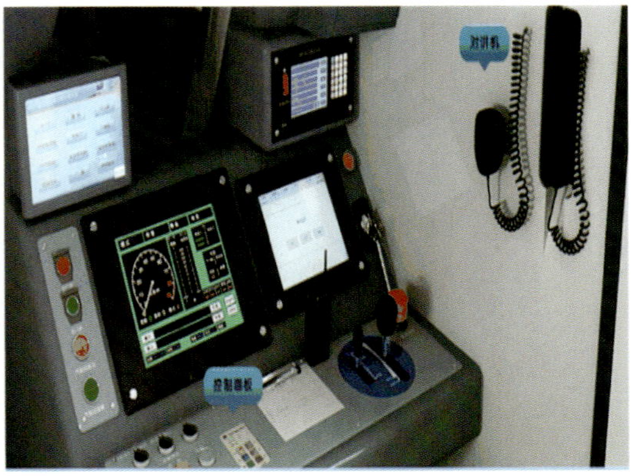

图 9.36　车载广播

7. 车载电话

车载电话是司机用来和调度中心直线联机的专用通信设备,如图 9.37 所示。

8. 紧急制动按钮

当出现紧急状态时,按下此按钮对列车施加紧急制动,如图 9.38 所示。

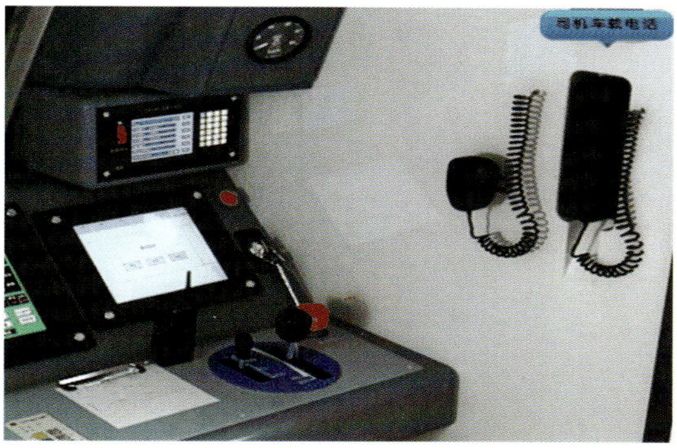

图 9.37 车载电话

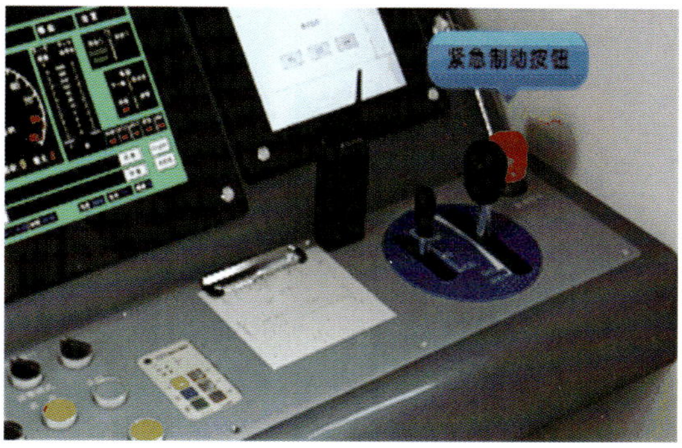

图 9.38 紧急制动按钮

9. 钥匙开关

钥匙开关是切换列车驾驶室到有效模式的设备。它分为开和关两档,如图 9.39 所示。

10. CCTV 监视器

监视器是司机用来监视列车车厢及另一侧驾驶室现场情况的设备,如图 9.40 所示。

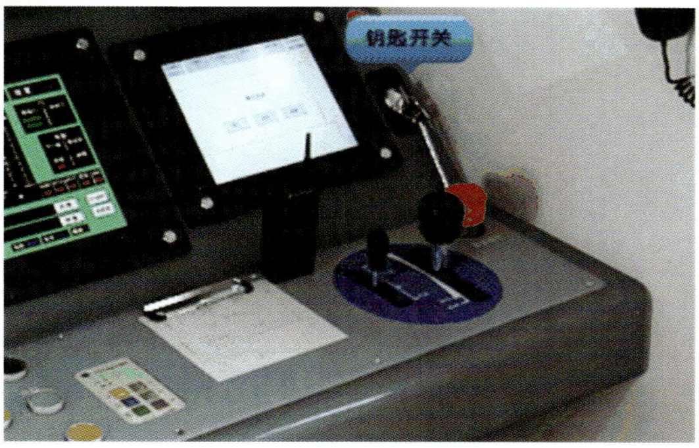

图 9.39 钥匙开关

图 9.40 CCTV 监视器

11. VOBC 机柜

VOBC 即 Vehicle on-board Controller,简称“车载控制器”。它负责完成车载 ATP/ATO 功能,实现对列车自动控制及在 ATP 保护下的牵引、制动及车门控制,如图 9.41 所示。

VOBC 机柜

12. MR

MR 即 Mobile Radio,简称“车载无线台”。它用于建立列车与行车调度控制中心无线对讲工作站的通信,如图 9.42 所示。

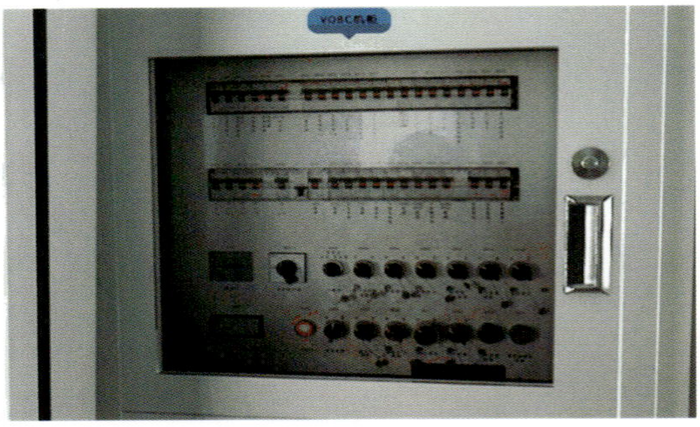

图 9.41 VOBC 机柜

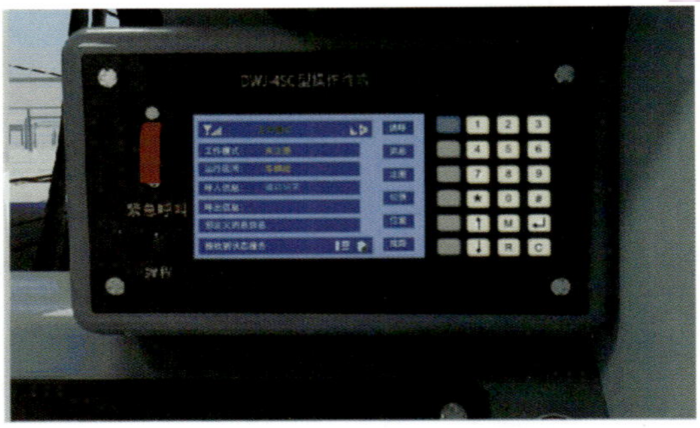

图 9.42 MR

五、考核与评价

实操环节由学生、教师和系统进行评分，通过系统评价，学生互评、自评，教师点评，实现多元综合评价，实训总成绩＝组间互评(18%)＋教师评分(25%)＋系统评分(50%)＋进步评分(7%)。

六、思考与习题

(1) 司机室常见的设备有哪些？
(2) 简述 TOD 司机显示器与 HMI 面板在功能上的区别。

任务四　控制中心设备认知与操作

一、实训目的

通过本实训，使学生熟悉并掌握调度中心常规行车设备及功能。

二、实训设备与知识准备

1. 实训设备

行车标准化 3D 模拟仿真系统、运营仿真实训室设备或校企合作校外实训基地设备。

2. 知识准备

控制中心主要设备与功能。

三、实训任务

实现对控制中心设备的了解与功能的掌握。

四、实训指导

（一）控制中心布局

控制中心布局如图 9.43 所示。

控制中心介绍

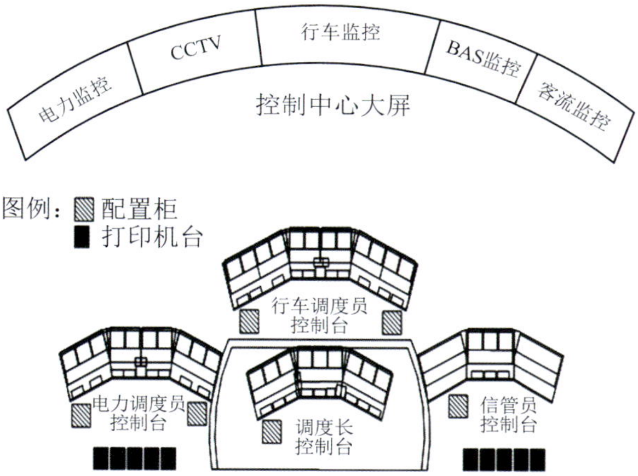

图 9.43　控制中心布局

（二）控制中心常见设备

控制中心常见设备如图 9.44 至图 9.51 所示。

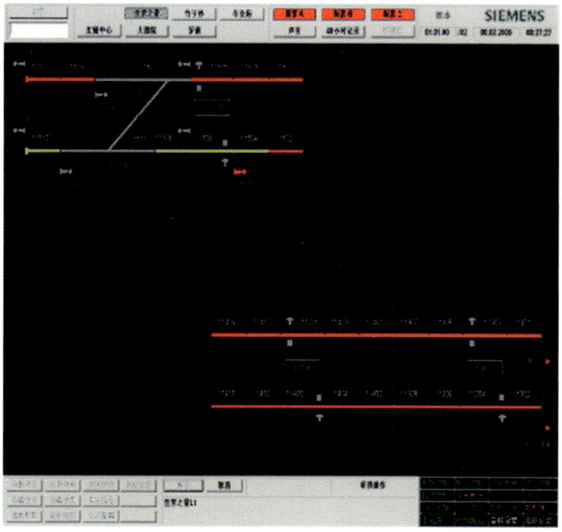

图 9.44　C-LOW

图 9.45　调度台

图 9.46 手持台

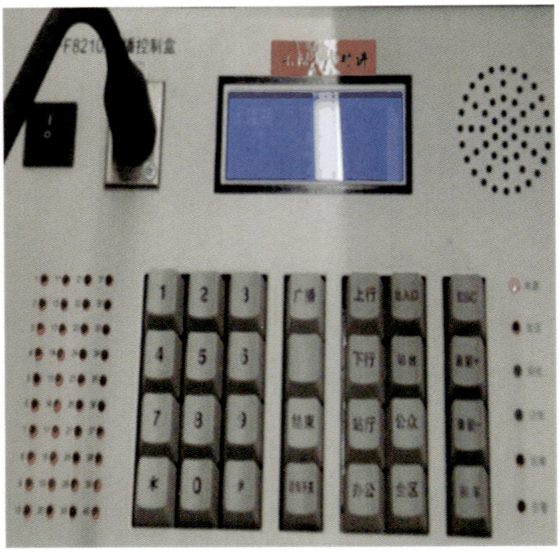

图 9.47 广播

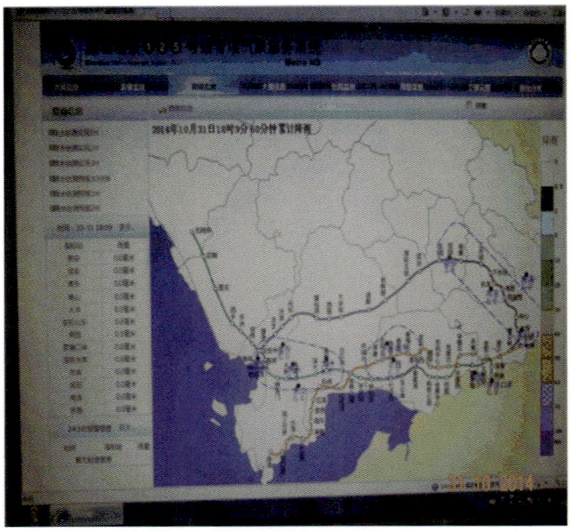

图 9.48 气象服务系统

图 9.49 BAS

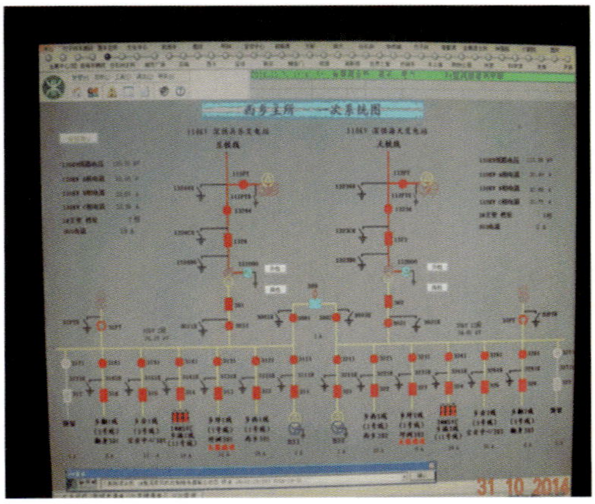

图 9.50 SCADA 系统

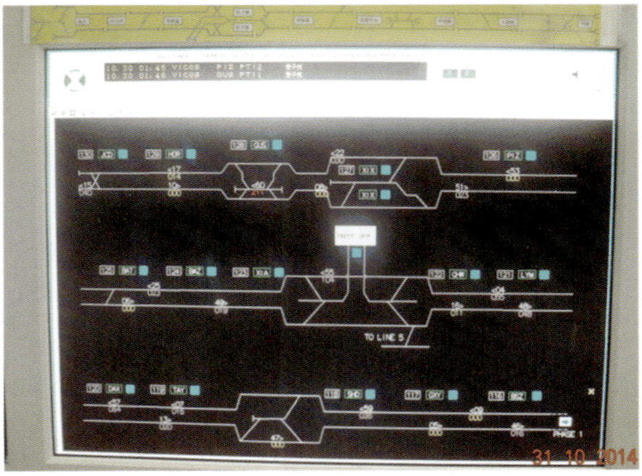

图 9.51 ATS-MMI

五、考核与评价

实操环节由学生、教师和系统进行评分，通过系统评价，学生互评、自评，教师点评，实现多元综合评价，实训总成绩＝组间互评（18％）＋教师评分（25％）＋系统评分（50％）＋进步评分（7％）。

六、思考与习题

（1）按中央调度实施地点的不同，控制中心可分哪几种？

（2）调度中心通常主要设置哪些岗位？

项目十 信号显示与使用

任务一 信 号 识 读

一、实训目的

(1) 熟悉常见信号图形符号。
(2) 掌握常见信号图形文字书写方法。
(3) 掌握不同灯色行车含义。
(4) 熟悉正线与车辆基地常见信号显示与含义。

二、实训设备与知识准备

1. 实训设备

信号灯、信号系统站场图。

2. 知识准备

(1) 信号符号如表10.1所示。

表10.1 信号符号

<table>
<tr><th>图形符号</th><th>灯色</th><th>名称</th><th>文字</th><th>含义</th></tr>
<tr><td>○</td><td></td><td>绿灯</td><td>L</td><td>按规定速度运行</td></tr>
<tr><td>●</td><td></td><td>红灯</td><td>H</td><td>停车</td></tr>
<tr><td></td><td></td><td>黄灯</td><td>U</td><td>注意并减速运行</td></tr>
<tr><td>◎</td><td>○</td><td>月白</td><td>B</td><td>允许越过该信号机调车</td></tr>
<tr><td>◉</td><td></td><td>蓝灯</td><td>A</td><td>禁止调车</td></tr>
<tr><td>ⓩ</td><td></td><td>紫灯</td><td>Z</td><td>用于道岔表示器</td></tr>
<tr><td rowspan="2">特殊功能信号机</td><td></td><td>自动信号</td><td colspan="2" rowspan="6">(1) 高柱信号机
(2) 矮柱信号机
(3) 存在封灯位</td></tr>
<tr><td></td><td>连续通过信号</td></tr>
<tr><td></td><td colspan="2">黄闪</td></tr>
<tr><td></td><td colspan="2">稳定亮绿色</td></tr>
<tr><td>⊗</td><td colspan="2">封灯</td></tr>
<tr><td>信号机前(外)方、内(后)方</td><td colspan="2">信号机防护的一方为内方，相反的为外方。示例：前方(外方)后方(内方)</td></tr>
</table>

（2）城市轨道交通正线信号的显示如表 10.2 所示。

表 10.2　正线信号显示

序号	信号灯显示	行车指示	备　注
1	绿灯	允许越过，开通直股	
2	黄灯或月白灯	允许越过，前方至少一组道岔开通弯股	
3	黄灯＋白灯（或红灯）	引导信号允许越过	
4	红灯	停车，禁止越过	
5	自动信号	特殊功能信号机（多设在折返站）	信号机定位为关闭
6	连续通过信号	特殊功能信号机（多设在中间站）	信号机定位为开放

（3）城市轨道交通车辆基地信号的显示如表 10.3 所示。

表 10.3　车辆基地信号显示

序号		信号灯显示	行车指示	备　注
1	出/入基地信号机	黄灯	允许出/入基地，表示列车按规定的限制速度经道岔直股运行，在列车阻挡信号机前停车	
		红灯或蓝灯	停止（禁止越过）	
		红灯＋月白灯（或黄灯）	引导出/入基地，列车入基地时以不超过 25 km/h 的速度运行，并在阻挡列车信号机前停车，运行中注意瞭望，随时准备停车	
		双黄灯	允许进基地，表示列车按规定的限制速度经道岔侧股运行，在列车阻挡信号机前停车或进洗车线	双黄灯位间设空灯位
2	基地内信号机	蓝灯或红灯	禁止调车	
		白灯	允许调车	

三、实训任务

（1）提问 1 如图 10.1 所示。

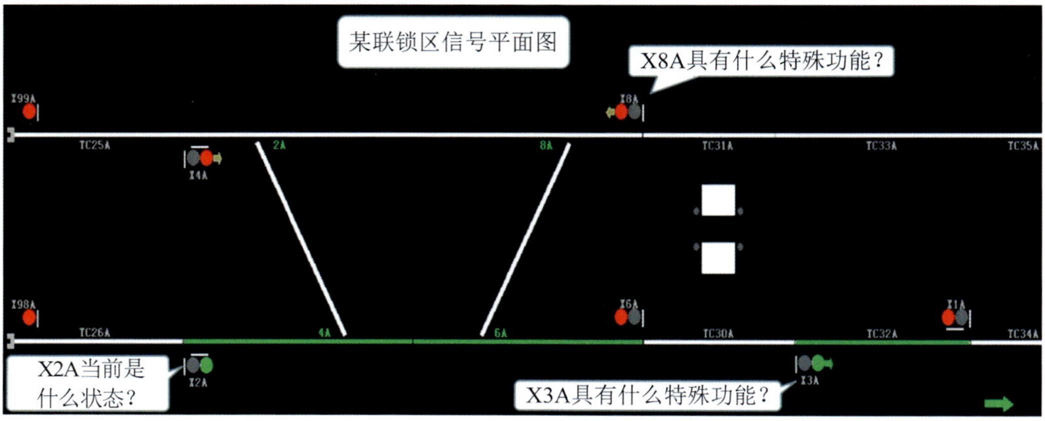

图 10.1　正线信号系统（提问 1）

(2) 提问 2 如图 10.2 所示。

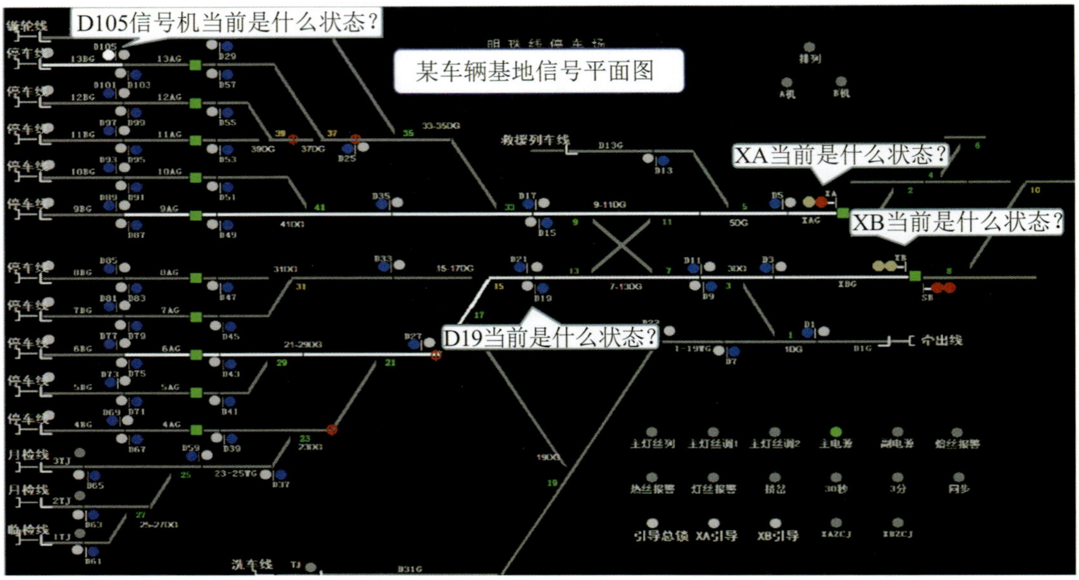

图 10.2　车辆基地信号系统(提问 2)

四、实训指导

(1) 解答 1 如图 10.3 所示。

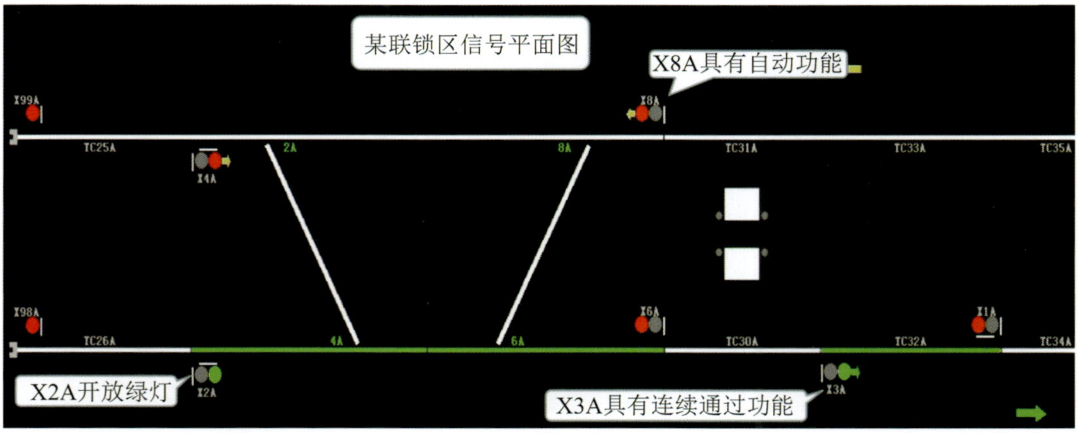

图 10.3　正线信号系统(解答 1)

(2) 解答 2 如图 10.4 所示。

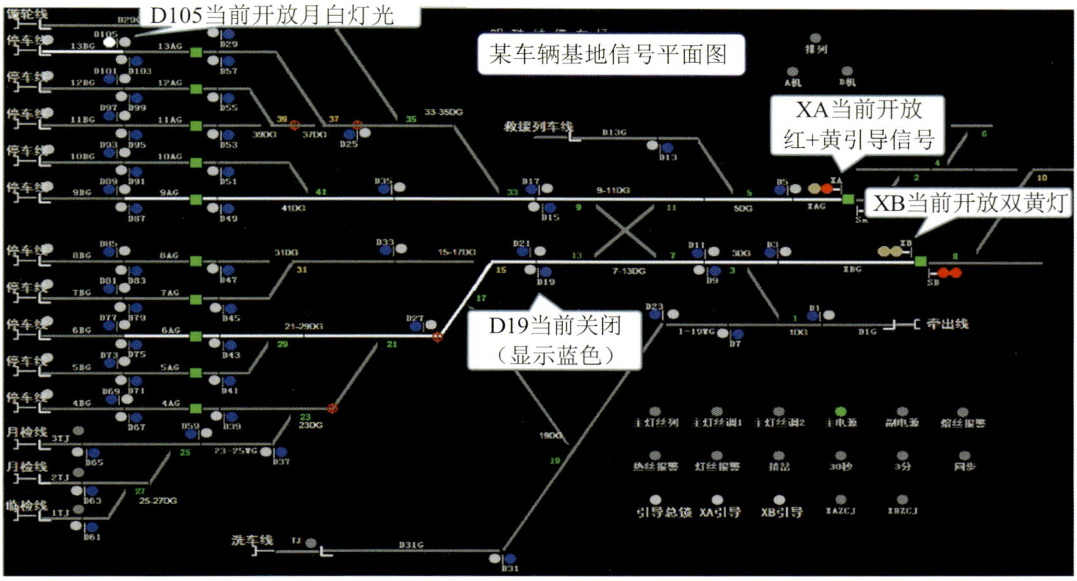

图 10.4 车辆基地信号系统(解答 2)

五、考核与评价

实操环节由学生、教师和系统进行评分，通过系统评价，学生互评、自评，教师点评，实现多元综合评价，实训总成绩＝组间互评(18%)＋教师评分(25%)＋系统评分(50%)＋进步评分(7%)。

六、思考与习题

(1) 简述信号机的显示与行车含义。
(2) 简述正线与车辆基地常见的信号显示含义。

任务二 手信号使用

一、实训目的

(1) 信号旗与信号灯的使用条件。
(2) 掌握列车手信号显示地点、时机与方式。
(3) 掌握调车手信号显示地点、时机与方式。

二、实训设备与知识准备

（一）实训设备

实训设备如表 10.4 所示。

表 10.4　手信号旗

序号	设备名称	实图	数量	备注
1	信号旗（红、黄、绿）	 红旗	40 副	可根据实际情况配备
2		 黄旗	20 副	
3		 绿旗	40 副	
4	信号灯		20 个	

（二）知识准备

（1）常用手信号显示含义如表 10.5 所示。

表 10.5　手信号显示含义

序号	手信号类别	含义
1	停车手信号	指示列车在该停车信号前方停车
2	紧急停车手信号	紧急情况下指示列车或车辆立即停车，要求司机立即采取停车措施
3	减速手信号	要求列车降低速度运行
4	发车手信号	指示列车发车，进入区间
5	人工引导手信号	信号无法正常开放时，准许列车进入车站或车辆基地临时采用的一种方式
6	好了手信号	车站完成相关作业，确认无误时
7	三、二、一车距离信号	表示推进车辆的前端距被连挂车辆的距离
8	道岔开通（调车）信号	表示调车进路（含防护进路）准备妥当，道岔已至规定位置并锁闭，准许列车运行至调车作业终点停车位置（办理非站到站列车或车列运行）

（2）手信号显示时机与地点如表 10.6 所示。

表 10.6 手信号显示时机与地点

手信号类别	适用范围	显示时机	收回时机	显示地点
停车信号	(1) 电话闭塞法行车； (2) 行车调度员下令停车	看见列车头部灯开始	列车至规定位置停车	来车方向站台发车端端头，司机停车参照物或停车牌后方 2 m 的位置
紧急停车信号	(1) 发生危及行车安全情况时； (2) 必须先按压紧急停车按钮	发现危及行车安全的紧急情况，立即显示	列车停车后	危及行车安全事发点处迎来车方向安全位置
发车信号	(1) 电话闭塞法行车； (2) 道岔故障时，行车调度员下令发车	进路准备妥当后、车门/站台门已关好、司机已上车且具备发车条件	司机动车或鸣笛回示后	车站：站在发车端列车驾驶室侧窗旁安全位置 车场：站在规定发车位置
通过	行车调度员下令显示通过时	看见列车头部灯光开始	列车头部越过显示地点	站台头端墙站台门端门外方
减速信号	发现工程列车或客车超速时	立即显示	列车头部越过信号显示地点后	头端墙侧扶梯口，靠近紧急停车按钮附近
引导手信号	准许列车进入车站或车辆基地，例如：列车退回发车站等	看见列车头部灯开始	列车头部越过信号显示地点后	来车方向进站侧站台端墙外小站台对应站界标(停车位置标)位置
好了信号	车站相关作业完成时	车站完成相关作业，确认无误时	司机鸣笛回示后或待司机进入驾驶室后	在站台与司机确认时，在列车运行方向前端第二节车厢第二个客室门的位置(靠近紧急停车按钮)，面向列车运行方向显示
道岔开通(调车)信号	(1) 列车站间运行时，站控状态下，道岔防护信号机无法开放； (2) 列车调车作业时，站控状态下，道岔防护信号机无法开放或调车信号机无法开放； (3) 电话闭塞法的折返作业； (4) 越出站界调车	确认全进路办理完毕，动车条件具备	列车头部越过信号显示地点后或司机鸣笛回示后	调车进路首架信号机处安全位置

三、实训任务

完成列车、调车与联系常用手信号的显示方式。

四、实训指导

手信号显示方式(含徒手信号)如下：

(1) 列车手信号显示方式如表 10.7 所示。

表 10.7　列车手信号显示方式

序号	手信号类别	模拟显示
1	停车信号	 (1)　(2)　(3) (1) 夜间办理:红色灯光; (2) 昼间办理:展开的红色信号旗; (3) 徒手信号:两臂高举头上向两侧急剧摇动
2	减速信号	 (1)　(2) (1) 夜间办理:黄色灯光(无黄色信号灯时,用绿色信号灯下压数次); (2) 昼间办理:展开的黄色信号旗(无黄色信号旗时,用绿色信号旗下压数次)
3	紧急停车信号	 (1)　(2)　(3) (1) 夜间办理:红色灯光上下急剧摇动(或白色灯光上下急剧摇动); (2) 昼间办理:展开的红色信号旗上下急剧摇动; (3) 徒手信号:两臂高举头上向两侧急剧摇动
4	发车信号	 (1)　(2) (1) 夜间办理:绿色灯光上弧线向列车方面做圆形转动; (2) 昼间办理:展开的绿色信号旗上弧线向列车方面做圆形转动; 部分城轨企业另有规定:右手持绿色信号灯或展开绿色信号旗面向驾驶员按顺时针做圆形转动

续表

序号	手信号类别	模拟显示
5	人工引导信号准许列车进入车站或基地	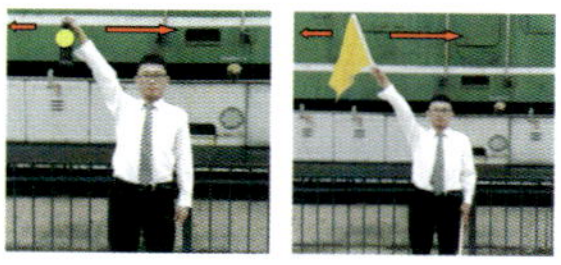 (1) (2) （1）夜间办理：黄色灯光高举头上左右摇动； （2）昼间办理：展开黄色信号旗高举头上左右摇动
6	好了信号	 (1) (2) (3) （1）夜间办理：白色灯光顺时针做圆形转动； （2）昼间办理：拢起的信号旗顺时针做圆形转动； （3）徒手信号：单臂高举直伸，以肩部为圆心顺时针做圆形转动

（2）调车手信号显示方式如表 10.8 所示。

表 10.8 调车手信号显示方式

序号	手信号类别	模拟显示
1	指挥列车或车辆向显示人方向来的手信号	 (1) (2) （1）夜间办理：绿色灯光在下方左右摇动； （2）昼间办理：展开的绿色信号旗在下方左右摇动
2	指挥列车或车辆向显示人反方向去的信号	 (1) (2) （1）夜间办理：绿色灯光上下摇动； （2）昼间办理：展开的绿色信号旗上下摇动

续表

序号	手信号类别	模拟显示
3	指挥列车或车辆向显示人方向稍行移动的信号	 (1) (2) (3)
		(1) 夜间办理:绿色灯光下压数次后,再左右小动; (2) 昼间办理:左手拢起红色信号旗直立平举,右手展开的绿色信号旗在下方左右小摆动; (3) 徒手信号:左手高举直伸,右手平伸小臂左右摇动
4	指挥列车或车辆向显示人反方向稍行移动的信号(包括试拉)	 (1) (2)
		(1) 夜间办理:绿色灯光平举上、下小动; (2) 昼间办理:左手拢起红色信号旗直立平举,右手展开的绿色信号旗在下方上、下小动; (3) 徒手信号:左手高举直伸,右手向下斜伸,小臂上下摇动(无配图)

(3) 联系手信号显示方式,如表 10.9 所示。

表 10.9 联系手信号显示方式

序号	手信号类别	模拟显示
1	连挂作业	 (2) (3)
		(1) 夜间办理:红、绿色灯光(无绿色灯用白色灯光代替)交互显示数次(无配图); (2) 昼间办理:两臂高举头上,拢起的手信号旗旗杆成水平末端相接; (3) 徒手信号:紧握两拳高举头上,拳心向里,两拳相碰数次
2	三、二、一车距离信号:表示推进车辆的前端距被连挂车辆的距离	 (2)
		(1) 夜间办理:绿色灯光平举下压三、二、一次(无配图); (2) 昼间办理:右手展开的绿色信号旗下压三、二、一次,分别表示距停留车三车(约 60 m)、二车(约 40 m)、一车(约 20 m)

续表

序号	手信号类别	模拟显示
3	停留车位置信号：表示车辆停留地点	 夜间办理：白色灯光左右小动
4	制动手信号	 (1)  (2) （1）夜间办理：白色灯高举； （2）昼间办理：绿色信号旗拢起高举，或徒手单臂高举
5	制动缓解	 (1)  (2) （1）夜间办理：白色灯光在下部左右摇动； （2）昼间办理：用拢起的绿色信号旗在下部左右摇动
6	试验完了（或其他作业完成的显示）	 (1)  (2) （1）夜间办理：白色灯光做圆形转动； （2）昼间办理：用拢起绿色信号旗做圆形转动
7	道岔开通手信号：表示进路上所有道岔准备妥当，具备发车条件	 (1)  (2) （1）夜间办理：在正线上，白色灯光高举头上；在车辆基地，手持黄（白）色信号灯高举头上左右摇动（有的企业规定用绿色灯光）； （2）昼间办理：非调车作业，拢起的黄色信号旗高举头上左右摇动（有的企业规定用绿旗）；在车辆基地，展开的黄色信号旗高举头上左右摇动

五、考核与评价

实操环节由学生、教师和系统进行评分，通过系统评价，学生互评、自评，教师点评，实现多元综合评价，实训总成绩＝组间互评（18％）＋教师评分（25％）＋系统评分（50％）＋进步评分（7％）。

六、思考与习题

（1）简述手信号与常用手信号显示含义。
（2）显示手信号时，手持信号旗有何要求？

任务三　听觉信号使用

一、实训目的

（1）掌握列车鸣笛时间要求（司机专业）。
（2）掌握列车鸣示方式及使用时机（司机专业）。

二、实训设备与知识准备

1. 实训设备

实训设备如表10.10所示。

表10.10　驾驶器

序号	设备名称	数量	备注
1	驾驶器	2套以上	可用汽车喇叭代替

2. 知识准备

鸣笛时间要求：列车鸣笛，长声为3 s，短声为1 s，间隔为1 s。重复鸣示时，须间隔5 s以上。

三、实训任务

完成常见列车鸣示方式。

四、实训指导

电客车、工程车、轨道车等列车鸣示方式如表10.11所示。

表 10.11 列车鸣示方式

序号	名称	鸣示方式	使用时机
1	启动注意信号	一长声 ——	(1) 机车车辆前进时(双机牵引时,本务机车鸣笛后,尾部机车应回示,本务机车再鸣笛一长声后启动); (2) 施工地点、人工引导手信号、天气不良时; (3) 电客车在段检修中,准备降下或升起受电弓
2	退行信号	二长声 —— ——	电客车、机车车辆、单机开始退行
3	警报信号	一长三短声 —— • • •	发现线路有危及行车安全的不良情况时
4	试验自动制动机复示信号	一短声 •	(1) 试验制动机开始减压时; (2) 接到试验制动结束的手信号,回答试风人员时; (3) 调车作业中,表示已接收到调车长所发出的信号时
5	缓解信号	二短声 • •	试验制动机缓解时
6	紧急停车信号	连续短声 • • • • • • •	司机发现邻线发生障碍,向邻线上运行的列车发出紧急停车手信号时,邻线列车司机听到后,应立即紧急停车

注:"•"表示一短声,"——"表示一长声。

五、考核与评价

实操环节由学生、教师和系统进行评分,通过系统评价,学生互评、自评,教师点评,实现多元综合评价,实训总成绩=组间互评(18%)+教师评分(25%)+系统评分(50%)+进步评分(7%)。

六、思考与习题

(1) 列车鸣笛时间有何要求?
(2) 简述鸣示信号方式与使用时机。

项目十一　人工准备进路、手摇道岔作业

一、实训目的

（1）了解常用转辙机结构类型。
（2）熟悉开展人工准备进路、手摇道岔时携带的工器具。
（3）掌握人工准备进路、手摇道岔作业标准流程。

二、实训设备与知识准备

1. 实训设备

实训设备如表 11.1 所示。

表 11.1　实训设备

序号	工具名称	备注
1	信号灯/旗	至少 1 套
2	红闪灯	与道岔数量一致
3	钩锁器（钩锁式/拆离式）	与道岔数量一致
4	手摇柄（把）	不同型号至少各 1 把
5	套筒所钥匙/转辙机钥匙	至少 1 把
6	扳手	至少 1 把
7	手持台（对讲机）	至少两台
8	反光背心（荧光衣）	根据实际情况可不配置
9	手套（副）	至少 1 副
10	安全帽（顶）	至少 1 顶
11	手电筒	—

2. 知识准备

（1）定义。道岔是指使机车车辆从一条线路过渡到另一条线路的过渡设备。

（2）道岔按照平面结构分类。单开（左开、右开）道岔、双开道岔、三开道岔、交叉道岔与交分道岔。

（3）普通单开道岔组成如图 11.1 所示。

（4）道岔状态判断。道岔定、反位（左、右位）判断。

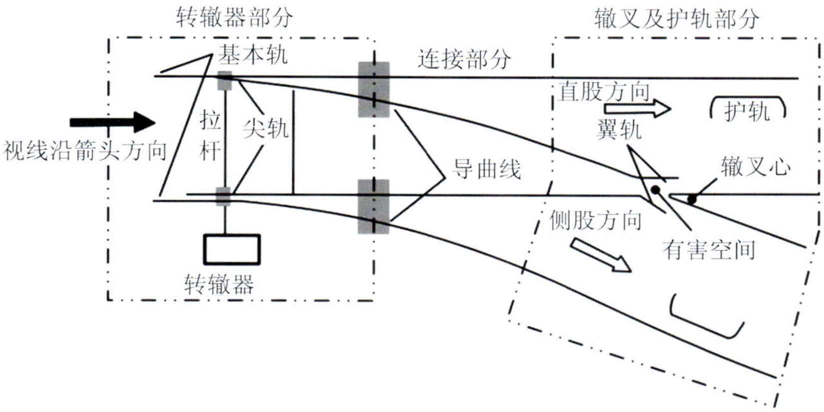

图 11.1　右开道岔组成

三、实训任务

运用实训设备模拟完成人工准备进路、手摇道岔作业。

四、实训指导

(一) 手摇道岔作业时间标准

手摇道岔作业时间标准如表 11.2 所示。

表 11.2　手摇道岔作业时间标准

序号	作业环节	作业速度
1	道岔走行	0.9 s/米
2	道岔检查	30 s/副
3	手摇到位(机械、液压转辙机)	90 s/副、130 s/副
4	道岔确认	20 s/副
5	信息汇报	30 s/副
6	加钩锁器(钩锁式、拆离式)	90 s/副
7	解钩锁器(钩锁式、拆离式)	30 s/副

(二) 手摇道岔全过程

1. 接令后进现场前准备

携带工具:① 信号灯;② 红闪灯;③ 手摇把;④ 转辙机钥匙;⑤ 钩锁器;⑥ 扳手;⑦ 手持台(800 M、400 M);⑧ 手电筒;⑨ 荧光衣;⑩ 手套;⑪ 戴安全帽;⑫ 任务布置图,如图 11.2 所示。

2. 下线路前

下线路前:使用 800 M 手持台与行调联系,得到其允许后方可下线路,人工准备进路必须从距列车最远道岔开始，由远及近依次手摇或确认。

标准用语：“行调，××线××站2名手摇道岔作业人员已带好手摇道岔工具到达上(下)行头(尾)端门处，请求下轨行区作业。”得到行调同意后方可进轨行区。

3. 到达作业区

在距来车方向10 m处的道床中央或钢轨上设置红闪灯防护，汇报车控室已到达手摇道岔作业现场，如图11.3所示。

图11.2　手摇道岔携带工具

作业细则：

(1) 到达现场后，1名手摇道岔作业人员设置红闪防护灯。

(2) 设置红闪防护灯后，另一手摇道岔作业人员汇报车控室，用语：“手摇道岔作业人员已到××号道岔位置，红闪防护已设置。”

图11.3　设置红闪灯防护

4. 手摇道岔

按照“一看、二开、三摇、四确认、五加锁、六汇报、七显示”七部曲执行，具体如下：

一看：现场情况、位置、尖轨与基本轨有无异物，是否需要转换道岔位置，如图11.4所示。

> 作业细则：
>
> （1）到达现场后，遵循“由远及近”的原则，双人一起到距列车最远进路的道岔区段开始确认。
>
> （2）双人确认该副道岔的位置是否开通到需要的方向，“是”则到进路中的下一副道岔，“否”则进行摇动道岔的操作。
>
> （3）确认时，手指道岔尖轨处确认该副道岔开通位置，口呼道岔位置“××道岔开通×位，开通直（侧）股”，并确认是否有异物。
>
> （4）双人确认位置是否需要摇动道岔

图 11.4　检查道岔

二开：使用转辙机钥匙（不同类转辙机钥匙不同）断开电源，打开盖孔板，拆下钩锁器（指已加钩锁器的道岔），下面介绍三种类型的转辙机打开盖孔板的过程。

（1）ZD6 型转辙机打开手摇把孔过程。使用套筒拆除套筒锁；按照逆时针方向下转下锁口；水平位置拉出堵孔板，并按照顺时针方向下转，如图 11.5 所示。

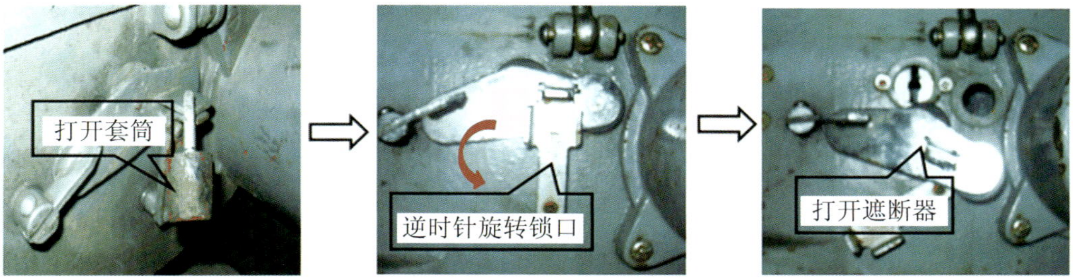

图 11.5　ZD6 型转辙机盖孔板的打开过程

（2）S700K 型转辙机打开手摇把孔过程。将转辙机钥匙 B 位端插入开关锁内断开遮断开关（由连通位逆时针旋转至断电位）；将转辙机钥匙 A 位端插入手摇把挡板，旋开手摇把挡板，如图 11.6 所示。

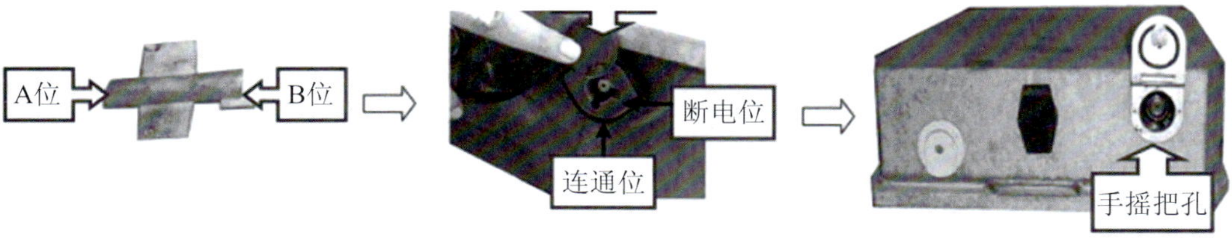

图 11.6　S700K 型转辙机盖孔板的打开过程

（3）液压型转辙机打开液压站手摇把孔过程。使用套筒拆除套筒锁；水平拉出，并按照逆时针方向上转，如图 11.7 所示。

三摇：双手握紧手摇把，按照相应的方向摇动手摇把，听到“咔嚓”声后停摇，拔出手摇把，锁好盖孔板，如图 11.8 所示。

图 11.7　液压型转辙机盖孔板的打开过程

作业细则：

(1) 双手水平握住手摇把旋杆，水平插入转撤孔的同时左右转动手摇把杆，直到手摇把杆前端的方孔与转撤孔内的方柱套牢。

(2) 插入手摇把，旋转手摇把时要始终向里施力。

(3) 顺时针旋转手摇把时尖轨向离开转辙机方向运动；逆时针旋转手摇把时尖轨向转辙机方向运动。

(4) 不断旋转手摇把，直至听到"咔嚓"的落槽声才停止。

(5) 双机牵引道岔前后人员在摇道岔时用力必须均匀，速度要配合好，不能乱摇、蛮摇。

注意：摇动的过程中，确认的人员不允许站在轨道中间，禁止接触道岔的任何部分，以防止造成夹伤

图 11.8　转辙机手摇过程

四确认：两人共同确认道岔手摇到位并锁闭，如图 11.9 所示。

作业细则：

(1) 手摇道岔的人员以听到转辙机内"咔嚓"一声的落槽声为准。

(2) 确认尖轨和基本轨密贴无异物(尖轨头端 4 cm 处不超过 2 mm 的间隙)。

(3) 口述"尖轨密贴开通×位"并和另一员工共同确认

图 11.9　道岔手摇后的确认

五加锁：在确认道岔位置开通正确后，用钩锁器锁定道岔尖轨，如图 11.10 所示。

作业细则：
(1) 确认人员将钩锁器加在第一块滑床板和第二块滑床板之间(不满足要求时，可加在第二块和第三块之间)，靠近第一块滑床板的位置。
(2) 拧紧钩锁器后左右摇动钩锁器，若能摇动则再次拧紧，直到无法摇动后加锁。
(3) 加锁前要使用扳手旋紧钩锁器的梅花旋钮，以防止钩锁器松脱。
(4) 加锁时要确认钩锁器的旋钮孔洞相互呈一直线。
(5) 加锁完毕后用脚用力踩钩锁器，看加锁是否牢固

图 11.10　加装钩锁器

六汇报：向车控室汇报道岔开通位置正确，如图 11.11 所示。

作业细则：
(1) 确认道岔加锁完毕后，摇道岔人员使用手持台或区间电话向车控室报告该道岔现在开通的位置。
(2) 汇报用语："××号道岔已摇至×位，尖轨与基本轨密贴，已加锁。"
(3) 汇报完成后，必须收拾好所有携带的物品再向下一副道岔前进。
(4) 进路上所有的道岔摇动到正确位置后，人员及所携带的工具撤离到安全位置才能向车控室汇报："××线至××线进路准备完毕，线路出清。"

图 11.11　手摇道岔人员向车控室汇报

七显示：根据车控室命令站在指定地点向列车司机打手信号(按手信号规定显示)。

注：对于无岔车站，人工准备进路时无需手摇道岔，只需确认站台线路有无异物，通过目击而无需下轨行区。

五、考核与评价

实操环节由学生、教师和系统进行评分，通过系统评价，学生互评、自评，教师点评，实现多元综合评价，实训总成绩＝组间互评(18%)＋教师评分(25%)＋系统评分(50%)＋进步评分(7%)。

六、思考与习题

(1) 简述道岔定、反位的判定方法。
(2) 转辙机类型通常有哪几种？手摇把孔位置及转辙机打开方式有哪些不同？
(3) 现场人工准备进路、手摇道岔需要携带哪些备品？
(4) 手摇道岔人员进现场前，行值需做些什么？

项目十二　正常情况下的行车组织

任务一　运营前准备

一、实训目的

(1) 熟悉运营前，控制中心行车调度员、车辆基地运转值班员、车辆基地信号楼值班员、集中站车站行车值班员、非集中站车站行车值班员、列车司机等岗位的工作职责。

(2) 熟悉运营前流程中的每个步骤，掌握运营前的关键环节。

二、实训设备与知识准备

1. 实训设备

城市轨道交通运营仿真系统、城市轨道交通行车标准化作业 3D 系统。

2. 知识准备

运营前流程中轨道交通控制中心、车辆基地及车站各岗位职责。

运营前准备

三、实训任务

运用实训设备模拟完成运营前的工作，并描述出列控制中心、车站、信号楼、运转值班员与行车司机等岗位工作要点。

四、实训指导

(1) 控制中心行车调度员用行车调度电话群呼车辆段运转值班员、车辆段信号楼值班员、全线集中站/非集中站车站行车值班员等岗位，进行对表，如图 12.1 所示。

(2) 控制中心行车调度员根据“施工计划单”核对当天晚上施工完成情况，如图 12.2 所示。

(3) 待确认当天计划施工结束后，控制中心行车调度员用行车调度电话通知各车站进行设备测试，测试内容有各车站道岔和站台门等，如图 12.3 所示。

(4) 各车站根据行车调度员的要求通过车控室内 IBP 盘和站台层就地控制盘(PSL)对本站站台门反复进行 3 次测试，集中站车站值班员待本站管辖范围内各车站站台门测试结束后对本站管辖范围内的道岔逐一进行测试，并由集中站车站值班员利用行车调度电话向控制中心行车调度员汇报测试结果,如图 12.4 所示。

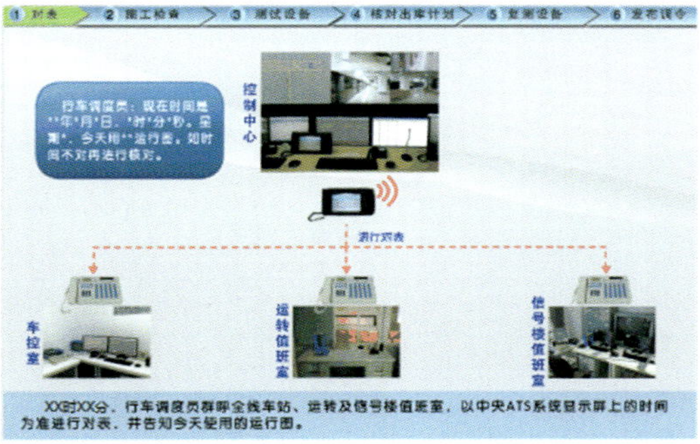

图 12.1 行调群呼各部门

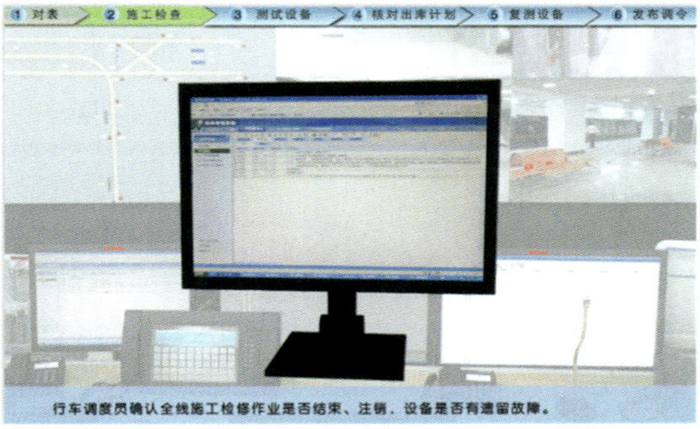

图 12.2 行调核对当晚施工销点情况

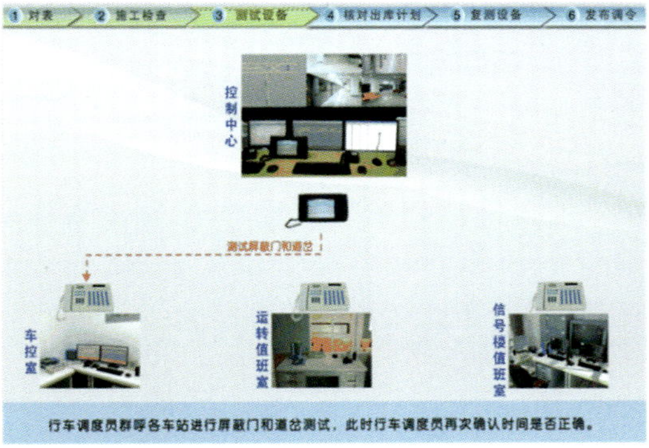

图 12.3 车站道岔和站台门测试

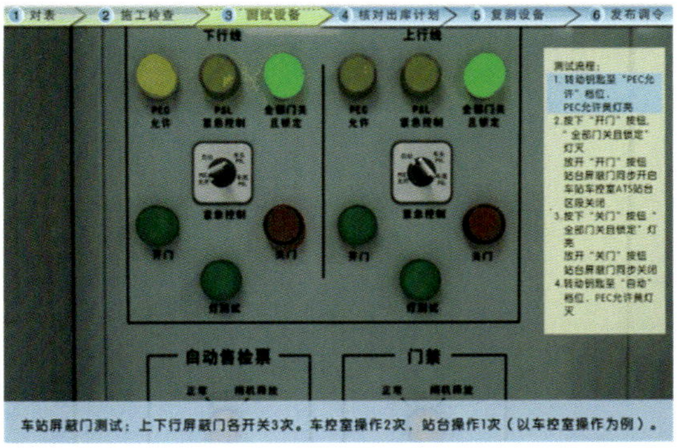

图 12.4 车站在 IBP 盘上进行站台门测试

(5) 车辆段运转值班员根据库内列车情况和运营计划安排列车出库计划,将计划手写至"当日运行情况汇总表"并传真给控制中心行车调度员,如图 12.5 所示。

(6) 控制中心行车调度员查看收到的"当日运行情况汇总表",并根据"当日运行情况汇总表"用行车调度电话呼叫车辆段运转值班员逐车核对出库计划,如图 12.6 所示。

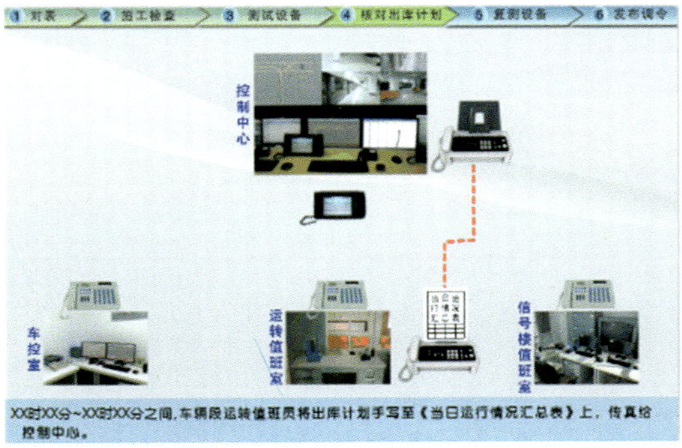

图 12.5 接收运转值班室当日出车计划

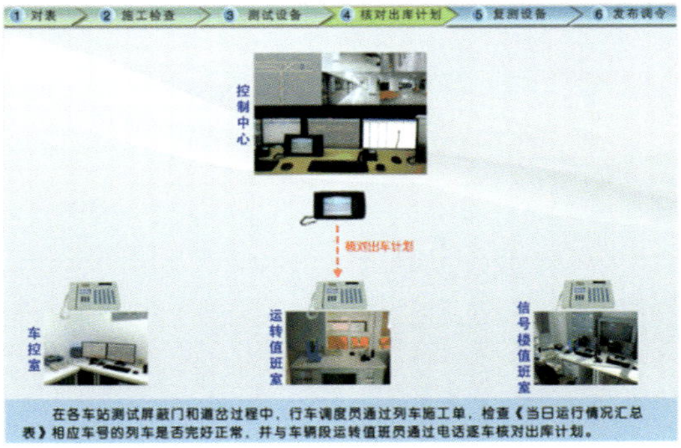

图 12.6 核对当日出车计划

(7) 控制中心行车调度员根据收到的各集中站对道岔和站台门的测试报告,对所有道岔进行复测,如图 12.7 所示。

(8) 控制中心行车调度员在确认一切准备就绪后群呼车辆段运转值班员、车辆段信号楼值班员、全线集中站/非集中站车站行车值班员等岗位,发布巡道列车出库的"巡道调令",

如图 12.8 所示。

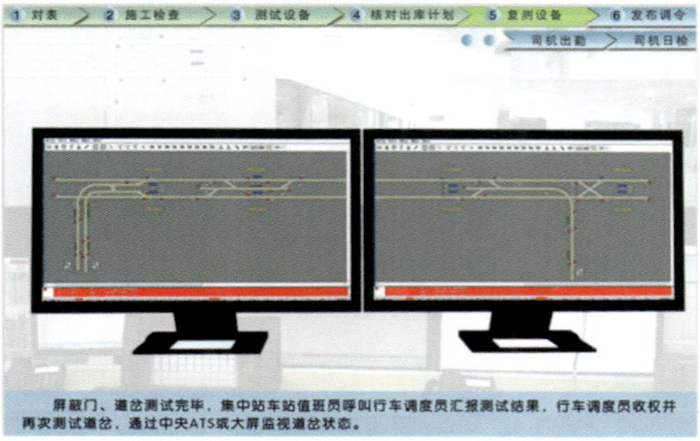

图 12.7 接收 CATS 控制权并复测道岔

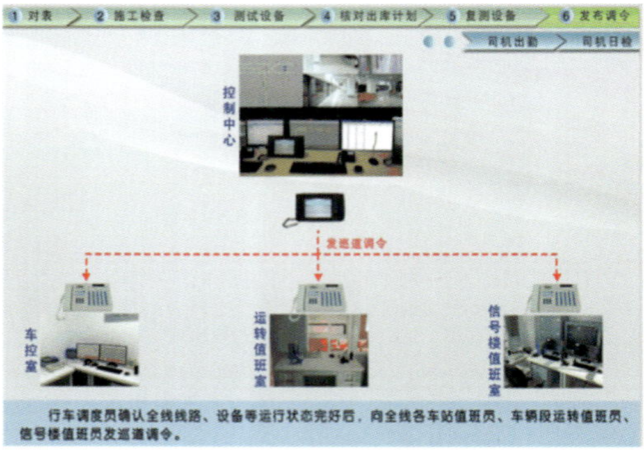

图 12.8 群呼各部门发布“巡道调令”

(9) 司机在列车出库前 40 min 到运转值班室出勤，领取应急包、列车钥匙、“司机报单”“调度命令”，填写“出乘提醒表”“乘务部出乘应急用品及出车用品使用情况表”，如图 12.9 所示。

(10) 司机根据“司机报单”上的内容到车库相应股道确认列车车次号，并按照出乘作业标准对列车外部设备进行检查，确认正常后检查两边司机室各设备操作和客室 BC 阀等设备是否正常，完成后在司机室等待信号楼开放出库信号灯，至此运营前流程结束，如图 12.10 所示。

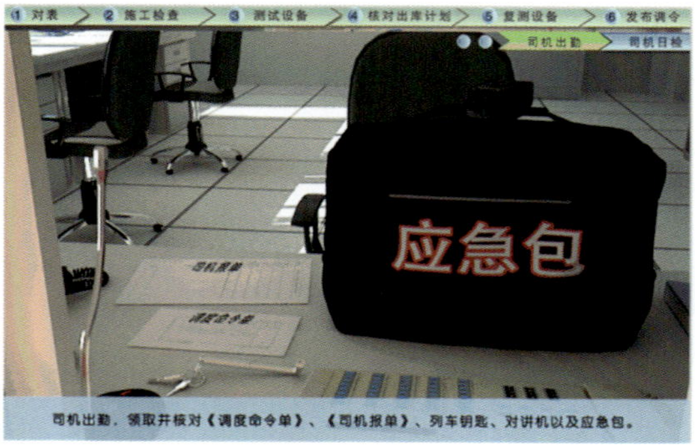

图 12.9 司机出勤领取备品

图 12.10 司机进行列车整备

五、考核与评价

实操环节由学生、教师和系统进行评分，通过系统评价，学生互评、自评，教师点评，实现多元综合评价，实训总成绩＝组间互评(18%)＋教师评分(25%)＋系统评分(50%)＋进步评分(7%)。

六、思考与习题

(1) 集中站与非集中站在运营前设备测试工作上有什么不同？为什么？

(2) 控制中心行车调度员为什么要发布“巡道调令”？

任务二 基地列车出库

一、实训目的

(1) 熟悉车辆基地列车出库前,控制中心行车调度员、车辆基地信号楼值班员、车站值班员、列车司机应做的各项准备工作。

(2) 熟悉车辆基地列车出库流程的每一个步骤,掌握列车出库的关键环节。

(3) 掌握车辆基地列车出库过程中控制中心行车调度员、车辆基地信号楼值班员、车站值班员、列车司机的工作职责和相关操作。

二、实训设备与知识准备

1. 实训设备

城市轨道交通运营仿真系统、城市轨道交通行车标准化作业 3D 系统。

2. 知识准备

列车正线运行载客过程。

三、实训任务

出库准备

运用实训设备模拟完成列车出库过程,并描述出控制中心调度员、列车司机、车站等岗位工作要点。

四、实训指导

(1) 司机通过无线对讲机呼叫信号楼值班员,信号楼值班员排列出库进路,如图 12.11 所示。

(2) 车辆段信号楼值班员通过微机联锁设备并根据行车计划排列出库进路,如图 12.12 所示。

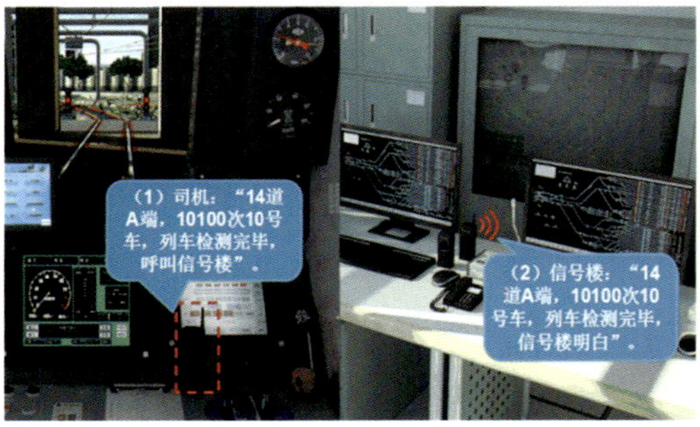

图 12.11 司机与信号楼联系

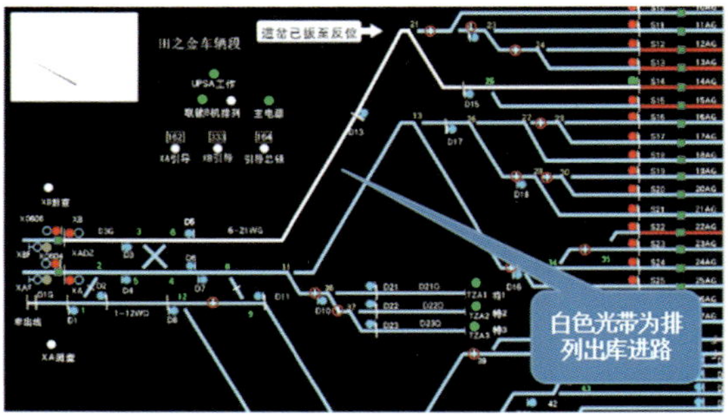

图 12.12 信号楼值班员排列出库进路

（3）司机确认出库信号机开放，通过操作主手柄启动列车，在车库大门前停车，如图 12.13 所示。

（4）司机确认隔离开关和库门状态后，驾驶列车在车库大门外平交道停车，确认轨道情况，如图 12.14 所示。

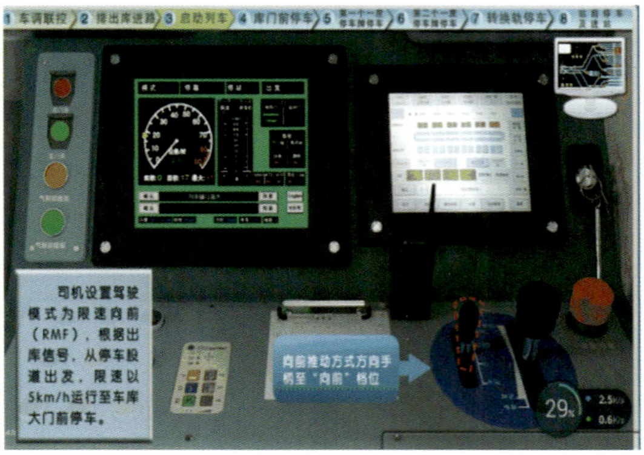

图 12.13　司机确认出库信号开放驾驶列车

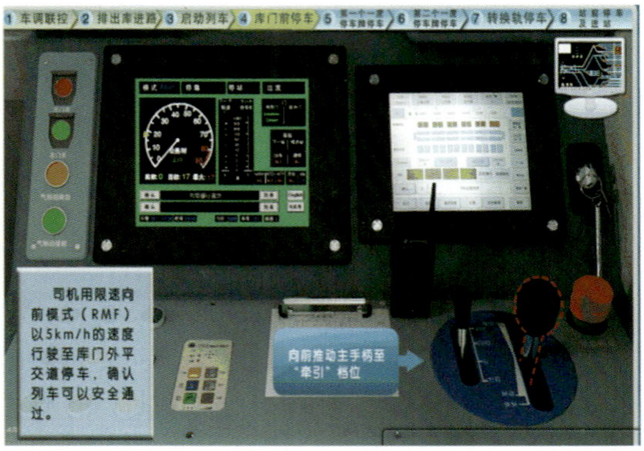

图 12.14　库门平交道停车确认安全

（5）司机通过操作主手柄驾驶列车运行到第一个一度停车牌处停车，如图 12.15 所示。

（6）司机继续通过操作主手柄驾驶列车到第二个一度停车牌处停车，收到定位信息，司机切换对讲机模式，如图 12.16 所示。

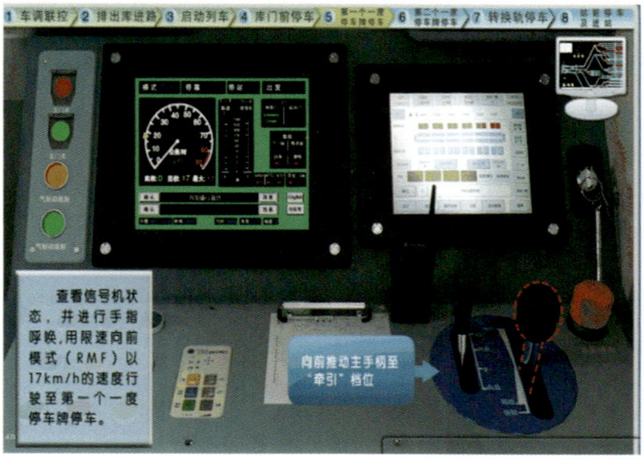

图 12.15　第一个一度停车牌停车

图 12.16　切换对讲机模式

（7）列车向前运行，到达出库转换轨处停车，如图 12.17 所示。

（8）列车到达转换轨后，收到 ATO 模式信号，司机用行车控制按钮切换模式至 ATP 保护下的人工驾驶模式（ATPM），如图 12.18 所示。

（9）列车收到发车信号，以 ATPM 模式通过操作主手柄驾驶到站前防护信号机处停车，如图 12.19 所示。

（10）司机与行车调度员用车站间电话进行行车调联控，行车调度员开放信号（若列车长时间未发车，行车调度员需对列车进行催发车操作），行车调度员用列车自动监控系统（ATS）行车调度工作站进行催发车，司机通过操作主手柄驾驶列车进站，如图 12.20 所示。

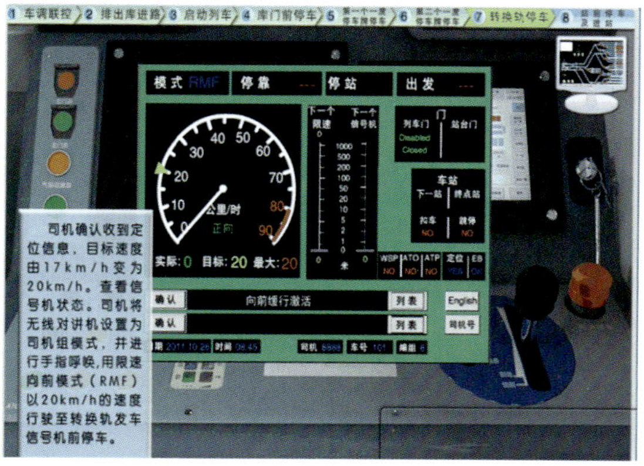

图 12.17　列车到达转换轨停车

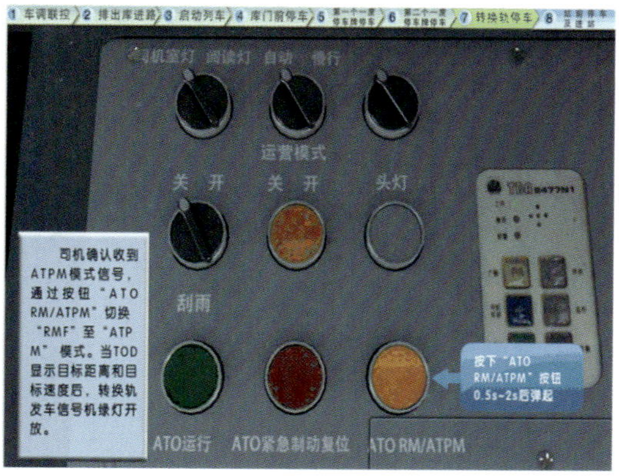

图 12.18　切换 ATPM 模式驾驶

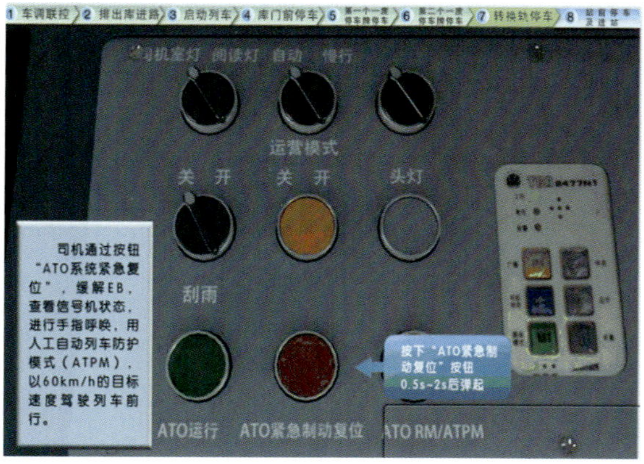

图 12.19　ATPM 驾驶列车至站前防护信号机

图 12.20　司机驾驶列车进站

五、考核与评价

实操环节由学生、教师和系统进行评分，通过系统评价，学生互评、自评，教师点评，实现多元综合评价，实训总成绩＝组间互评（18％）＋教师评分（25％）＋系统评分（50％）＋进步评分（7％）。

六、思考与习题

（1）列车出库前，车辆段信号楼调度员怎样排列出库进路？

（2）列车出库运行过程中包括哪三个主要环节？

（3）列车出库时，出库进路中的调车信号机和列车信号机分别在什么时候关闭？

（4）列车出库时，在到达一度停车牌前和转换轨前，列车分别以哪种驾驶模式运行？

任务三　列 车 运 行

一、实训目的

(1) 熟悉列车运行流程。
(2) 熟悉列车运行过程中列车司机、行车值班员等岗位工作要点。

二、实训设备与知识准备

1. 实训设备

城市轨道交通运营仿真系统、城市轨道交通行车标准化作业 3D 系统。

2. 知识准备

列车正线运行载客过程。

三、实训任务

列车运行

运用实训设备模拟完成列车正线运行过程，并描述出列车司机、行车值班员等岗位工作要点。

四、实训指导

(1) 当发车表示器倒计时在 10 s 以内，司机根据乘客上下客情况，确认乘客上下完毕，司机按压靠站台侧车门关闭按钮，关闭车门和站台门(车门和站台门信号联动时)，如图 12.21 所示。

(2) 车门和站台门关闭后动车前的确认过程(确认过程司机必须手指口呼)：

① 司机进驾驶室前的确认：确认全部站台门关好、确认车门和站台门无夹人或夹物、确认站务员显示“好了”手信号、确认 PSL 全部关门亮绿灯，如图 12.22 所示。

② 司机进驾驶室动车前确认：确认车门关闭亮绿灯、确认出站信号机开放(无出站信号机看车载信号)、确认道岔(如有岔)、确认车载信号，如图 12.23 所示。

(3) 司机驾驶列车出站，列车在运行过程中司机瞭望前方遇到道岔、百米标等需要手指口呼。

(4) 列车出站，本站行车值班员在“车站行车日志”上记点。

(5) 列车运行至下一站进站时，司机应减速进站，加强瞭望，遇到紧急状况，立即停车，确保行车安全，如图 12.24 所示。

(6) 列车运行至站台停稳后，司机按压站台侧的车门开门按钮，打开车门和站台门供乘客上下车。

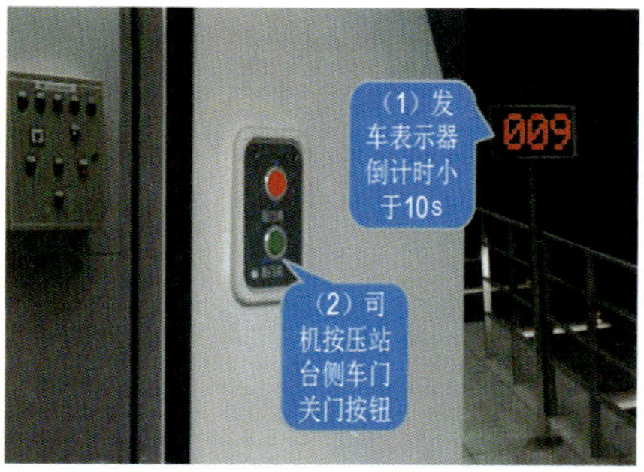

图 12.21　关闭车门和站台门

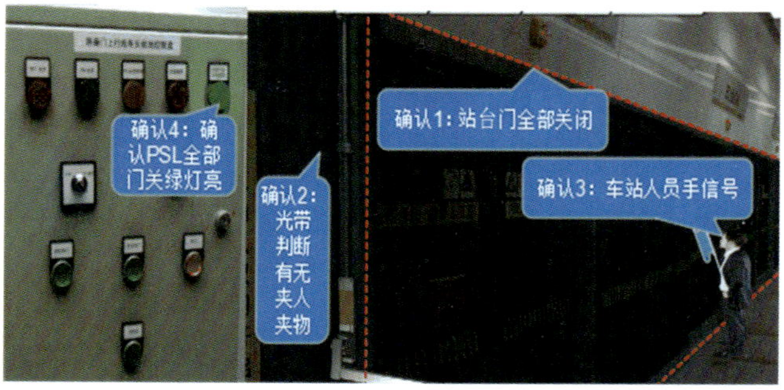

图 12.22　司机上车前的确认

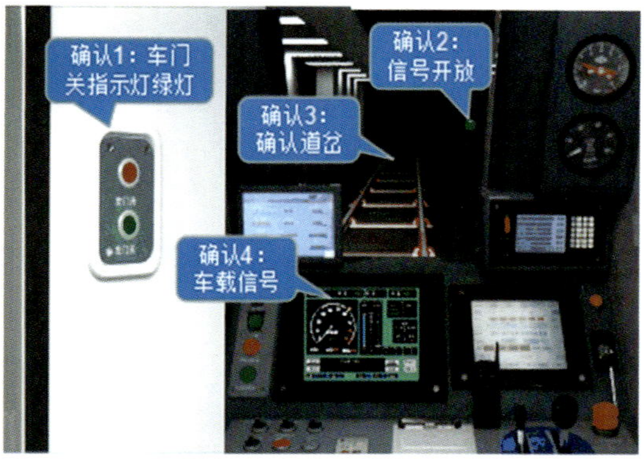

图 12.23　司机进驾驶室的确认

图 12.24　列车进站运行

(7) 列车到达车站，到达站行车值班员在“车站行车日志”上记点，并向相邻出发站报点。

(8) 按照此流程运行至运营结束。

五、考核与评价

实操环节由学生、教师和系统进行评分，通过系统评价，学生互评、自评，教师点评，实现多元综合评价，实训总成绩＝组间互评(18%)＋教师评分(25%)＋系统评分(50%)＋进步评分(7%)。

六、思考与习题

(1) 列车运行过程中，控制中心行车调度员、车站值班员、列车司机的工作职责是什么？

(2) 列车正线运行过程中，列车从站台发车的条件有哪些？

任务四　列 车 折 返

一、实训目的

（1）熟悉列车折返时，控制中心行车调度员、车站值班员、列车司机等岗位的工作职责。

（2）熟悉列车折返方式，了解折返过程的每个步骤，掌握列车折返的关键环节。

二、实训设备与知识准备

列车折返

1. 实训设备

城市轨道交通运营仿真系统、城市轨道交通行车标准化作业 3D 系统。

2. 知识准备

（1）定义。折返是指列车运行至图定的终点站或折返站时，进入折返线，改变运行方向的过程。

（2）列车折返作业流程。信号开放（或收到车载信号）→列车进折返线→到达折返线停稳→列车换端→信号开放（或收到车载信号）→列车驶出折返线。

三、实训任务

运用实训设备模拟完成列车折返过程。

四、实训指导

（1）根据列车车次号的目的地，进入折返线的进路自动触发建立，相应的防护信号开放，如图 12.25 所示。

（2）列车停站结束，收到速度码，司机启动列车以 ATPM 模式运行进入折返线停车，如图 12.26 所示。

（3）列车进入折返线后，司机通过方式方向手柄将驾驶模式转至“OFF”，拔出钥匙，注销驾驶室操作权限，如图 12.27 所示。

（4）司机进入另一端驾驶室，插入钥匙，开启驾驶室操作权限，如图 12.28 所示。通过方式方向手柄将驾驶模式转至“向前”，用行车控制按钮切换模式至 ATPM(或 SM)模式。

（5）司机设置客室广播，等待信号开放，如图 12.29 所示。

（6）出折返线进路自动触发排列，相应防护信号开放，列车收到出折返线速度码，司机缓解紧急制动(EB)、通过操作主手柄启动列车出折返线进入另一个方向的站台，如图 12.30 所示。

图 12.25 列车等待信号机开放

图 12.26 列车以 ATPM 模式驾驶列车进折返线

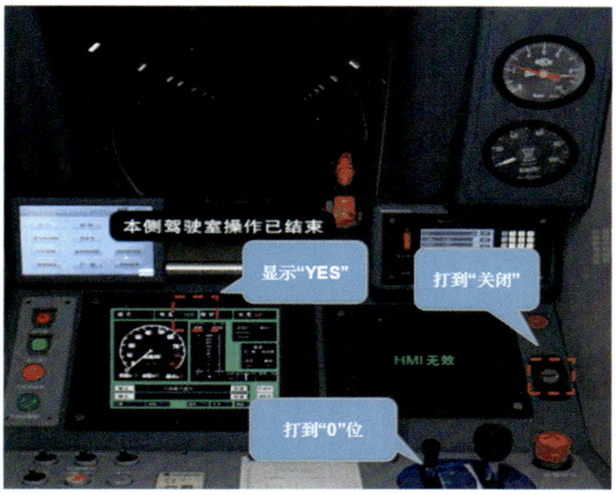

图 12.27 注销驾驶室操作权

图 12.28 开启另一端驾驶室操作权

图 12.29 客室广播设置

图 12.30 列车收到出折返线速度码

五、考核与评价

实操环节由学生、教师和系统进行评分，通过系统评价，学生互评、自评，教师点评，实现多元综合评价，实训总成绩＝组间互评(18%)＋教师评分(25%)＋系统评分(50%)＋进步评分(7%)。

六、思考与习题

(1) 站前折返和站后折返分别适用于什么情况？
(2) 列车站后/站前折返的操作过程包含哪些内容？

任务五　列车入库实训

一、实训目的

(1) 熟悉车辆基地列车入库时，控制中心行车调度员、车站值班员、车辆基地信号楼值班员、列车司机等岗位所需做的准备工作。

(2) 熟悉车辆基地列车入库流程的每一个步骤，掌握列车入库的关键环节。

(3) 掌握车辆基地列车入库时，行车调度员、车站值班员、车辆基地信号楼调度员、列车司机的工作职责和相关操作内容。

二、实训设备与知识准备

列车入库

1. 实训设备

城市轨道交通运营仿真系统、城市轨道交通行车标准化作业3D系统。

2. 知识准备

列车出入库作业流程。

三、实训任务

运用实训设备模拟完成列车入库过程，并描述出列车、车站与信号楼值班员等岗位工作要点。

四、实训指导

(1) 列车在A站停车等待信号机开放，通过操作主手柄驾驶列车驶向车辆段，如图12.31所示。

(2) 列车从 A 站出发,在一度停车牌(转换轨)处停车,如图 12.32 所示。

(3) 列车发车后,A 站值班员记录列车发车时间至“行车日志”并用车站间电话向车辆段信号楼报发点,如图 12.33 所示。

(4) 车辆段信号楼记录列车发点到“今日执行运行记录单”,如图 12.34 所示。

图 12.31　列车在 A 站等待信号机开放

图 12.32　列车遇一度停车牌停车

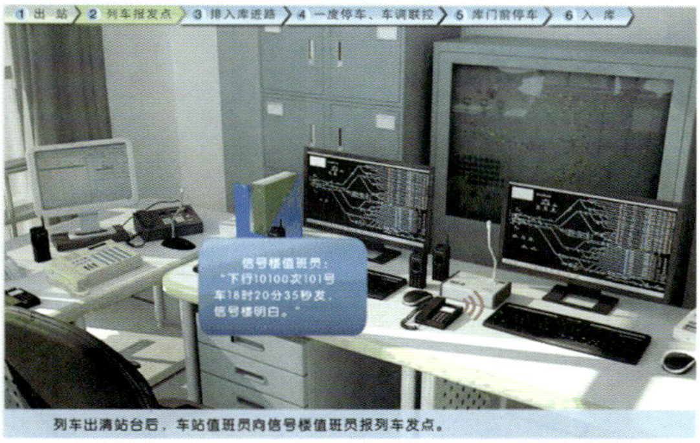

图 12.33　A 站向信号楼报列车发点

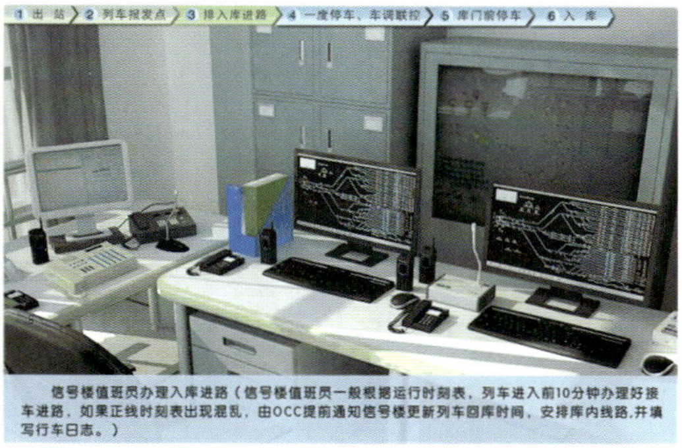

图 12.34　信号楼记录列车发点

(5) 车辆段信号楼值班员通过微机联锁排列入库进路,如图 12.35 所示。

(6) 列车在一度停车牌(转换轨)处停车,通过无线对讲机与车辆段信号楼值班员联系。若信号机已开放,确认入场信号机;若信号机未开放,请求开放入场信号机,如图 12.36 所示。

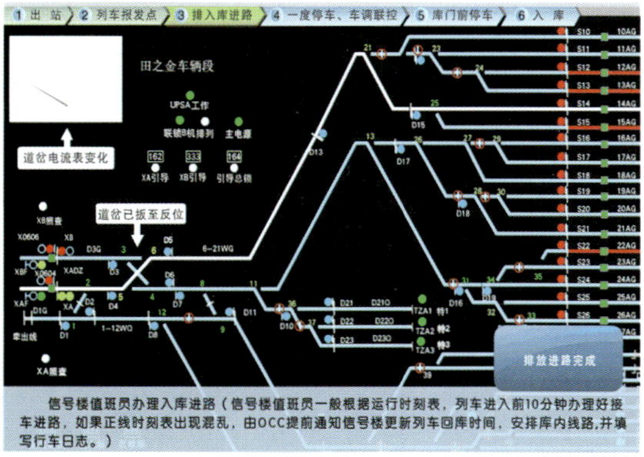

图 12.35　信号楼值班员办理回库进路

图 12.36　信号机确认

(7) 信号开放后，列车转换驾驶模式至限制人工向前模式(RMF)，操作主手柄驾驶列车入场，在车库大门外平交道停车，查看隔离开关和大门状况、股道有无异物，如图 12.37 所示。

(8) 一切正常后，通过操作主手柄驾驶列车行驶至车库大门内平交道停车，查看左右情况后，操作主手柄驾驶列车在指定股道停车，如图 12.38 所示。

图 12.37　列车入库大门前停车

图 12.38　确定具备安全条件驾驶列车入库

五、考核与评价

实操环节由学生、教师和系统进行评分，通过系统评价，学生互评、自评，教师点评，实现多元综合评价，实训总成绩＝组间互评(18％)＋教师评分(25％)＋系统评分(50％)＋进步评分(7％)。

六、思考与习题

(1) 车辆基地列车入库分别有哪些方式？每种方式列车回库时有什么关键环节？

(2) 入库时，正线回库进路和车辆基地入库进路有什么关系？

(3) 入库时，司机、车辆基地信号楼值班员、回库线相连车站的车站值班员、控制中心行车调度员的工作职责是什么？

模块四

应 急 处 理

项目十三　信号类设备故障应急处理

任务一　道岔故障应急处理

一、实训目的

通过本实训，使学生掌握道岔故障时应急处理原则与行车调整方法。

二、实训设备与知识准备

手摇道岔

1. 实训设备

城市轨道交通运营仿真沙盘、城市轨道交通行车组织仿真实验系统、PC机与电子地铁线路图。

2. 知识准备

（1）道岔故障处置原则：

① 能排进路不单操道岔。

② 能单操道岔不手摇。

③ 优先考虑现场道岔既有位置，减少手摇工作量及进路准备时间。

（2）道岔故障处理流程：

① 在道岔故障状态下，将控制权下放至车站，相关列车执行扣车措施，令车站对故障道岔进行测试、确认设备状态并做好手摇准备。

② 对于确认的故障，且严重影响列车运行时，应立即向维保驻勤发布抢修令，同时调度员以任务制方式布置车站进行手摇道岔作业。

③ 手摇道岔后，信号恢复前调度员应提醒车站、现场维修人员解除相关道岔的钩锁器。

（3）道岔故障处理。道岔故障处理流程分以下三种情况：

① 中间站（接口站除外）道岔故障：开通正线位置并加锁。

② 终端站道岔故障。

③ 中间接口站道岔故障：手摇至列车运行需要位置并加锁。

其中，终端站道岔故障处理流程：

① 调度员应首先通知车站值班员先来回单操测试，若经单操后恢复表示，通知维保驻勤要求通号、工务人员派人运营结束后检修。

② 若仍无表示，应确认定、反位是否都无表示，同时令车站指派手摇道岔作业人员带好

工具至现场待命准备手摇作业。

③ 如有一位置(定位或反位)有表示,调度员应尽量改变折返进路,利用该道岔有表示的位置接发列车。

④ 如定反位均失去表示,则令车站将该道岔手摇至使用位置只钩不锁,手信号进行折返作业,其余正常道岔使用单操单锁方式。

⑤ 高峰时段调度员适时安排部分列车进行小交路折返,减小终端站的到达压力;开行大小交路的线路,如道岔故障发生在小交路的终点站,调度员应改变运行交路,全线开行大交路运行,减小故障的影响范围。

(4) 道岔锁闭方式分为电气锁闭、人工锁闭和引导锁闭三种。

① 电气锁闭:

a. 进路锁闭:道岔锁闭通过办理进路的方式锁闭。它又包含以下两种:

ⅰ. 预先锁闭:列车未到达接近区段,进路已预先办理好,如图 13.1 所示,道岔 3 锁闭在右位;

ⅱ. 完全锁闭:列车已到达接近区段,进路已办理好,如图 13.2 所示,道岔 3 锁闭在右位。

b. 道岔单操单锁:通过现场操作员工作站(LOW)或 ATS 对道岔单操单锁。

② 人工锁闭:道岔通过人工手摇至规定位置后并加锁的一种道岔锁闭方式。

③ 引导锁闭:

a. 引导进路锁闭:道岔正常,轨道电路故障。

b. 引导总锁闭:岔定、反(左、右)位均失去表示。

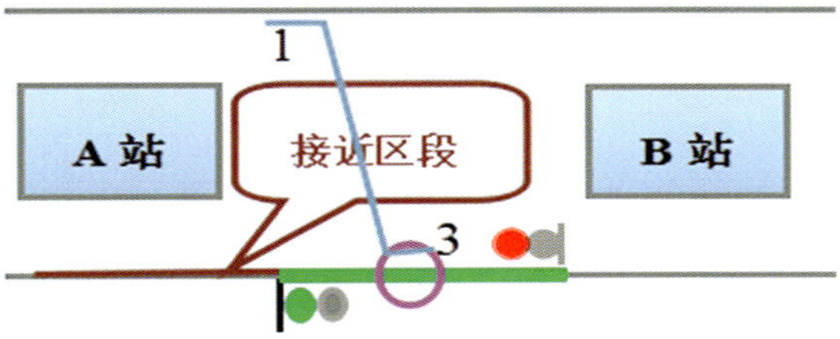

图 13.1　进路预先锁闭

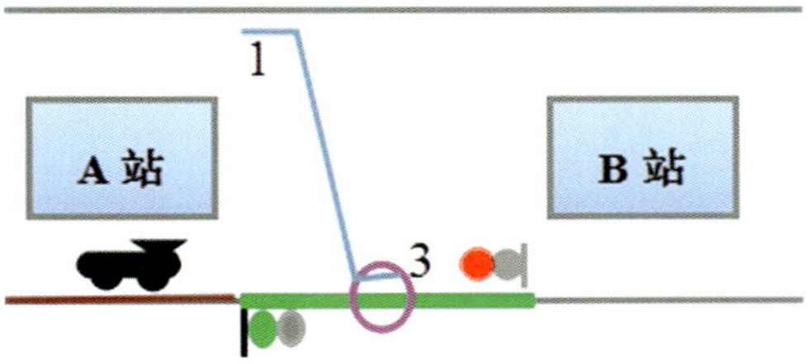

图 13.2　进路完全锁闭

三、实训任务

某日运营早高峰,T 站上行进站 202 次列车将道岔 2 挤开造成挤岔事故,如图 13.3 所示,针对此次事故,写出:

(1) T 站行车值班员处置要点。

(2) 当班调度调整措施。

(3) 调整中接驳站注意事项。

(4) 全线其他车站处置要点。

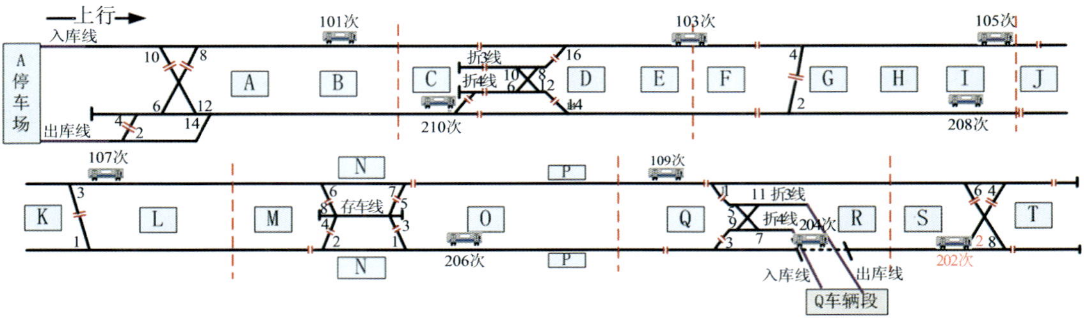

图 13.3　线路图

四、实训指导

(1) T 站值班员处置要点:

① 信息汇报:就挤岔事故情况向行调汇报。

② 中控转站控:接管行调下放 ATS 或 LOW 的控制权。

③ 取消 ATS 或 LOW 自动信号与进路自排功能。

④ 车站派人进现场监护。

⑤ 禁止司机动车。

(2) 当班调度员调整措施:

① 行调扣停道岔故障区段及 Q 站至 T 站上行列车(Q 站至 T 站就近车站停车清客停运),如图 13.3 所示,扣停 202 次列车,204 次列车运行至 R 站上行站台清客停运。

② 通知工务、通号、车辆部组织抢修,发布抢修命令(确保施工安全防护,如两站一区间或一站两区间,各企业规定不同)。

③ 进行信息通报:挤岔事故通报运营协调与应急指挥中心(COCC)、全线各站。

④ 列车调整:T 站至 Q 站下行拉风箱,A 站至 Q 站进行小交路运行。

⑤ T 站至 Q 站启用公交接驳预案。

(3) 调整中接驳站注意事项:

① 接驳站为 Q 站。

② 取消 Q 站自动信号与进路自排功能。

③ 做好广播通告及站台客流组织。

④ 小交路列车与拉风箱列车在 Q 站下行站台接驳(同向接驳)时安全间隔防护:当拉风箱列车进 Q 站下行站台时,将小交路列车扣停在 Q 站上行站台或 Q 站折返线;当小交路列车 Q 站折返时,将拉风箱列车扣停在 R 站下行站台。

(4) 全线其他车站处置要点:A 站至 T 站做好列车延误、晚点信息通告,做好退票工作,特别是 R 站至 T 站做好站台客运组织工作。

五、考核与评价

实操环节由学生、教师和系统进行评分，通过系统评价，学生互评、自评，教师点评，实现多元综合评价，实训总成绩＝组间互评(18%)＋教师评分(25%)＋系统评分(50%)＋进步评分(7%)。

六、思考与习题

某日运营早高峰，A站下行进站101次列车将道岔8挤开造成挤岔事故，如图13.4所示，针对此次事故，请写出：

(1) A站行车值班员处置要点。

(2) 当班调度调整措施。

(3) 调整中接驳站注意事项。

(4) 全线其他车站处置要点。

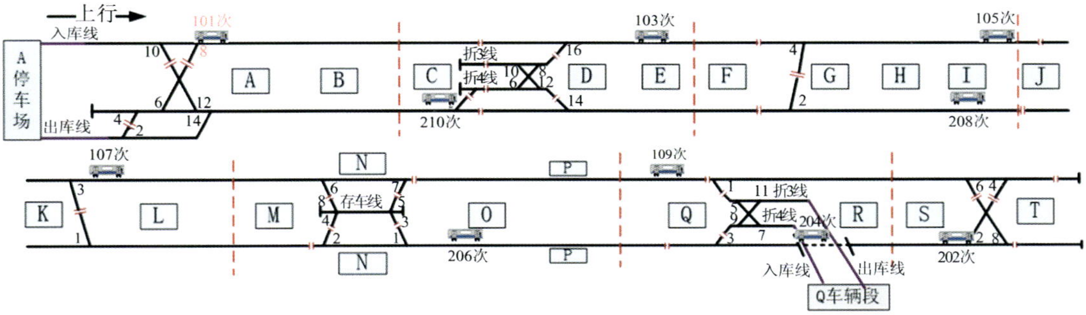

图13.4 线路图

任务二 电话闭塞法行车组织

一、实训目的

(1) 电话闭塞法行车组织实施条件。

(2) 电话闭塞法行车组织作业流程。

二、实训设备与知识准备

电话闭塞法组织行车模拟流程

1. 实训设备

简易沙盘、手持台(1对/站)、调度电话(1部/站＋调度中心1部)、行车日志(1站/本)、笔(若干)、行车日志与路票(见附录八)。

2. 知识准备

(1) 实施电话闭塞法条件:

① 运营期间,单个及以上集中站信号设备故障,自动闭塞设备不能正常使用。

② 运营结束后开行工程列车、轨道列车、调试列车或其他非规定制式列车。

(2) 同意闭塞条件:

① 中间站(非折返站)同意闭塞条件(3 个):一站两区间空闲、接车进路准备好、车站不存在已办理的闭塞(如前一部列车未解除)。

② 折返站(站前、站后折返)同意闭塞条件(1 个):本站接车进路(含防护进路)准备完毕,即进路中的道岔处于正确位置并锁闭。

(3) 解除闭塞条件:

① 中间站(非折返站)闭塞解除条件(1 个):列车整列到达站台后取消后方站的闭塞。

② 折返站闭塞解除条件(1 个):列车整列到达车站且折返进路准备妥当,同时后续接车进路(含防护进路)准备完毕。

(4) 路票填写:

① 路票要素(8 个):路票必须具备电话记录号码、车次号、方向、行车专用章、值班员签名、日期、调令号码、列车限速要求,这八要素须填写完整。

② 路票处理:填写路票时,字迹清晰、不得更改(如果填写错误,正面对角画"×",撕口并在背面写上"作废",同时注明原因后留存);正常收回路票时,正面对角画"×",撕口后投入回收箱。

(5) 车站行车日志填写。

三、实训任务

(1) 正线布置图如图 13.5 所示。

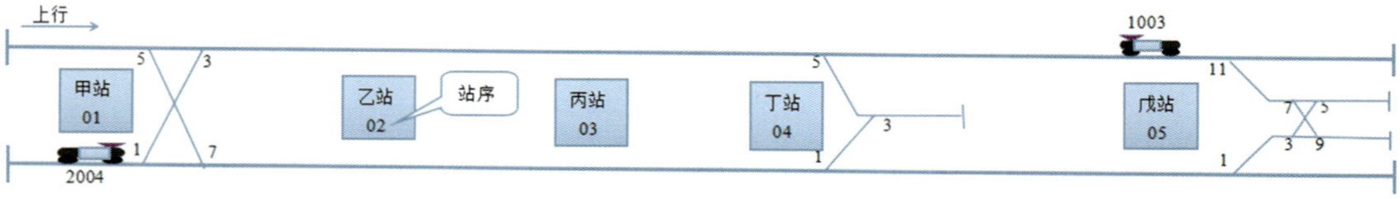

图 13.5 正线布置图

(2) 由甲站至戊站双向采用电话闭塞法,以上行 2004 次列车为例,组织 2004 次列车甲站运行至乙站,电话闭塞行车实施时间 2021 年 9 月 12 日 15 时 30 分。

(3) 采用"一站两区间"的间隔。

四、实训指导

1. 实施前

(1) 行调进行列车定位,定位好后。

(2) 发布调令:"15 时 30 分,准甲站至戊站上/下行改用电话闭塞法行车,2004 次列车为甲站上行办理电话闭塞法首列车。”

（3）车站接令后，开始实施电话闭塞法行车。

2. 实施过程

实施过程如图 13.6、图 13.17 及表 13.1 至表 13.7 所示。

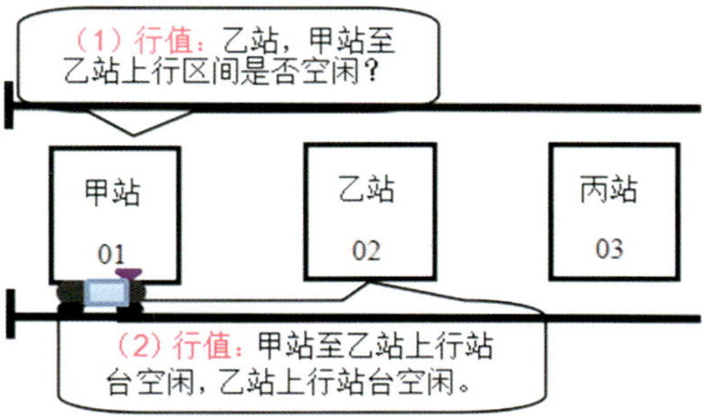

图 13.6　甲站与乙站确认区间空闲

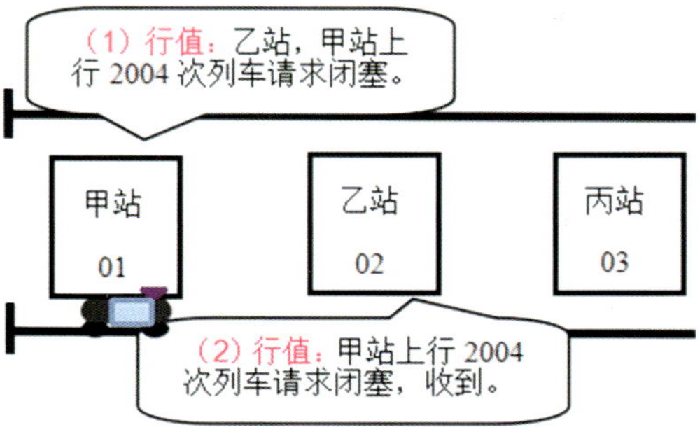

图 13.7　甲站向乙站请求闭塞

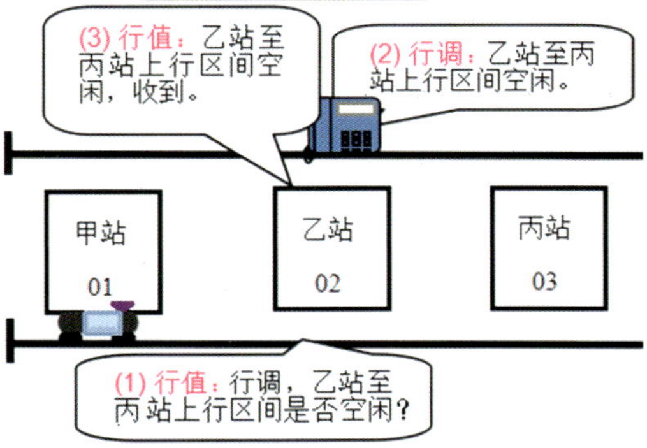

图 13.8　乙站与行调确认一站两区间空闲

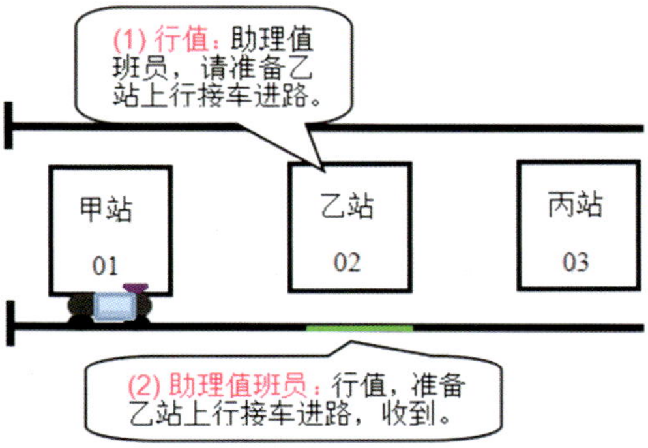

图 13.9　乙站准备上行接车进路

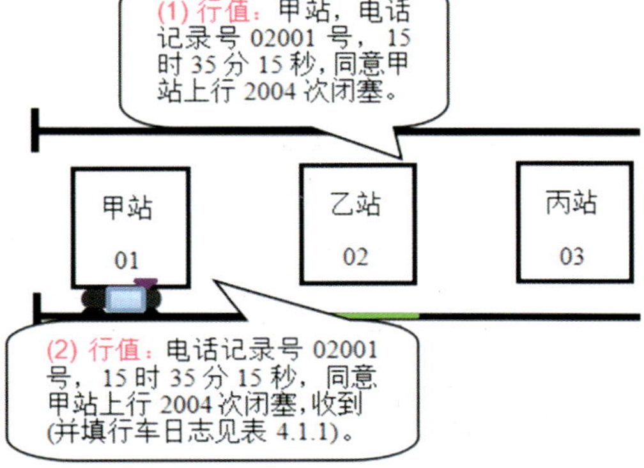

图 13.10　同意甲站请求闭塞(甲站填行车日志)

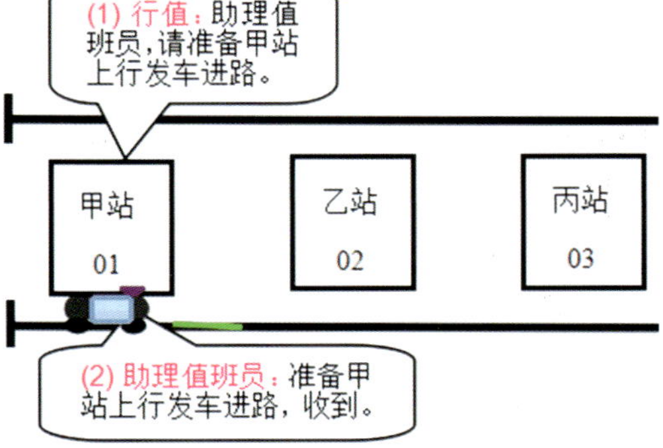

图 13.11　甲站准备发车进路

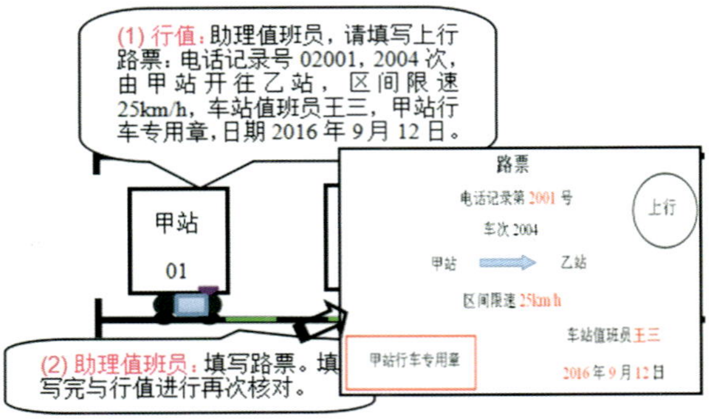

图 13.12 甲站填写路票

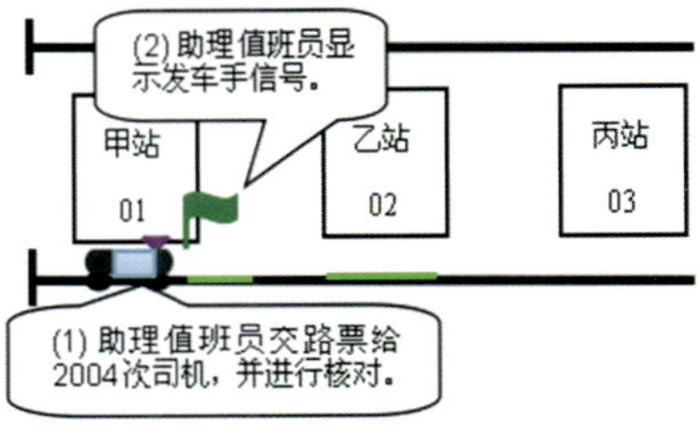

图 13.13 路票交司机并显示发车手信号

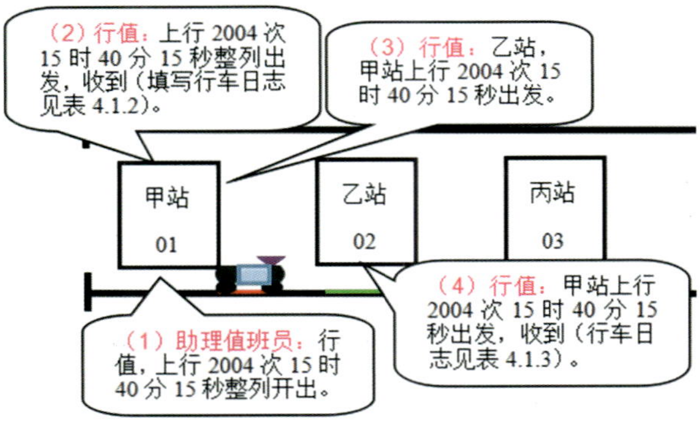

图 13.14 列车出发甲站向乙站报点（填写行车日志）

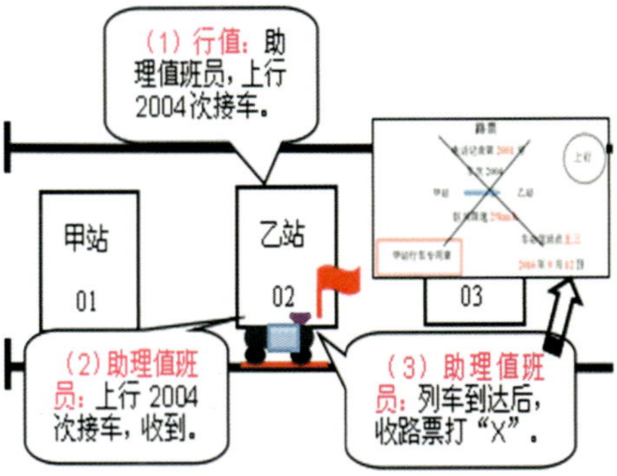

图 13.15 乙站准备上行接车

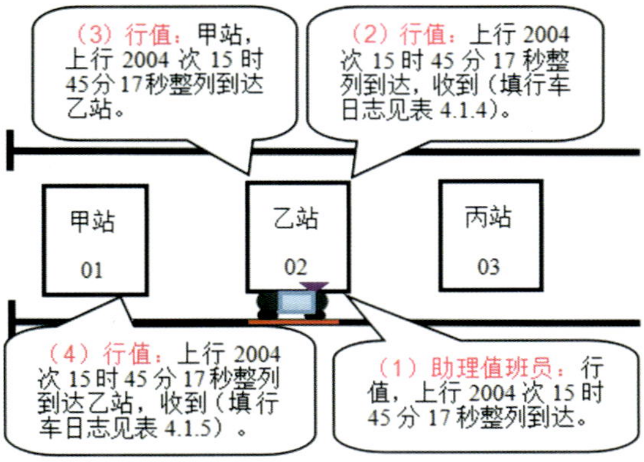

图 13.16 列车到达乙站报点（填写行车日志）

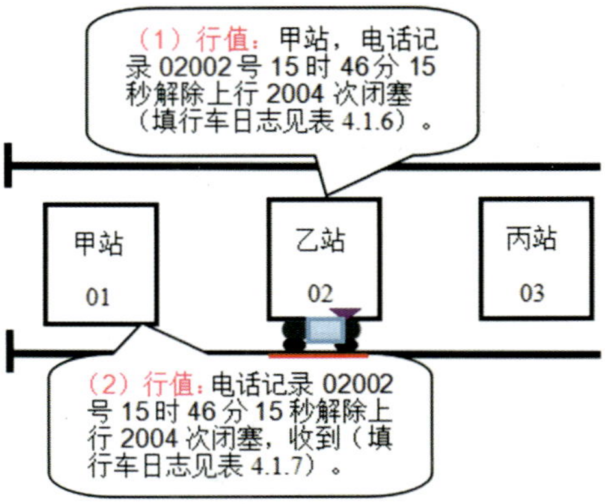

图 13.17 乙站解除上行闭塞

表 13.1 甲站记录乙站同意闭塞号码

上行							
车次	到达			出发			附注
	电话记录号码及收发时间	邻站出发	本站到达	电话记录号码及收发时间	本站出发	邻站到达	
2004				02001 15:35:15			

表 13.2 甲站记录列车本站出发时间

上行							
车次	到达			出发			附注
	电话记录号码及收发时间	邻站出发	本站到达	电话记录号码及收发时间	本站出发	邻站到达	
2004				02001 15:35:15	15:40:15		

表 13.3 乙站记录邻站列车出发时间

上行							
车次	到达			出发			附注
	电话记录号码及收发时间	邻站出发	本站到达	电话记录号码及收发时间	本站出发	邻站到达	
2004	02001 15:35:15	15:40:15					

表 13.4 乙站填写本站到达时间

上行							
车次	到达			出发			附注
	电话记录号码及收发时间	邻站出发	本站到达	电话记录号码及收发时间	本站出发	邻站到达	
2004	02001 15:35:15	15:40:15	15:45:17				

表 13.5　甲站填写列车到达邻站时间

上行									
车次	到达				出发				附注
	电话记录号码及收发时间		邻站出发	本站到达	电话记录号码及收发时间		本站出发	邻站到达	
2004					02001 15:35		15:40:15	15:45:17	

表 13.6　乙站填写解除甲站的电话记录号

上行									
车次	到达				出发				附注
	电话记录号码及收发时间		邻站出发	本站到达	电话记录号码及收发时间		本站出发	邻站到达	
2004	02001 15:35:15	02002 15:46:15	15:40:1	15:45:17					

表 13.7　甲站记录乙站解除闭塞电话记录号

上行									
车次	到达				出发				附注
	电话记录号码及收发时间		邻站出发	本站到达	电话记录号码及收发时间		本站出发	邻站到达	
2004					02001 15:35:15	02002 15:46:15	15:40:15	15:45:17	

五、考核与评价

实操环节由学生、教师和系统进行评分，通过系统评价，学生互评、自评，教师点评，实现多元综合评价，实训总成绩＝组间互评（18％）＋教师评分（25％）＋系统评分（50％）＋进步评分（7％）。

六、思考与习题

按照上述实训指导过程要求，继续完成 2004 次列车由 B 站至 C 站的电话闭塞法行车过程，请写出组织过程。

项目十四　列车故障救援应急处理

一、实训目的

通过本实训，使学生掌握列车故障情况下救援原则及流程。

二、实训设备与知识准备

1. 实训设备

城市轨道交通行车组织仿真实验系统、行车标准化作业 3D 模拟系统。

2. 知识准备

（1）救援原则。列车救援应遵循“正向救援、尽快恢复正线运营”的原则，反向救援现场运用较少。下面介绍“正向救援”（又称“顺向救援”）常见的四种情况，如图 14.1 至图 14.4 所示。

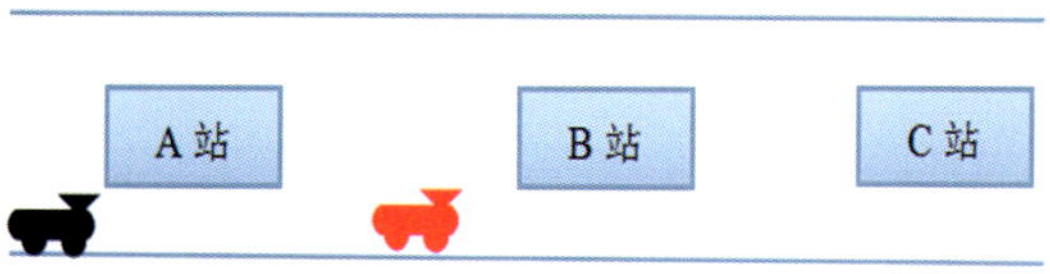

图 14.1　情况 1

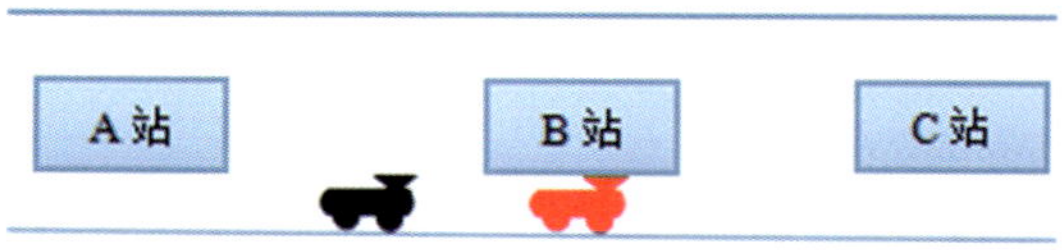

图 14.2　情况 2

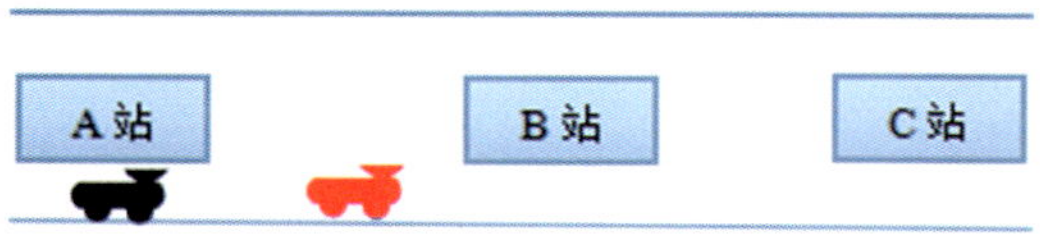

图 14.3　情况 3

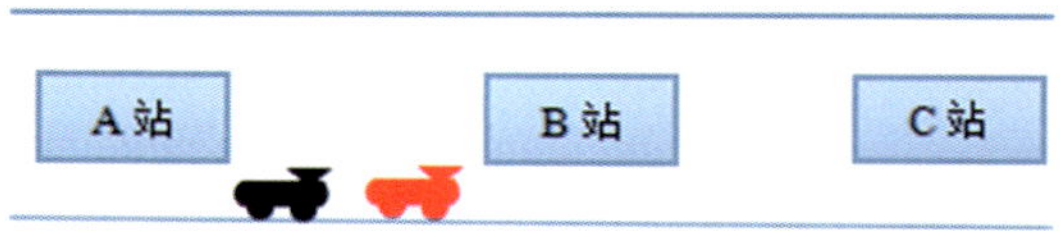

图 14.4　情况 4

以上四种情况，途中红色列车为故障列车，黑色列车为救援列车。

情况分析：

情况一：救援列车和故障列车分别在 A、B 两站清客；情况二：救援列车和故障列车分别在 C、B 两站清客；情况三：救援列车和故障列车分别在 A、B 两站清客；情况四：救援列车和故障列车分别在 C、B 两站清客。针对以上四种情况，如果在规定的时间内（如 2 min）不能清完，救援列车推进故障列车在回库或停车线前最后一个车站再次清客。

（2）救援流程。救援流程以情况一为例，如表 14.1 所示。

表 14.1　“3＋3”救援流程

时间	步骤		故障列车	车站	救援列车	调度员
第 1 min	1	前期处置	(1) 报行调，乘客广播； (2) 故障排除(如无法排除可请求救援，也可申请再给 3 min 排除故障，若仍无法排除请求救援转步骤 3)			
第 2 min						提前起草救援方案，拟调度命令
第 3 min	2					
第 4 min			继续排除故障(如无法排除，可直接申请救援转步骤 3)			行调命令故障列车后方一列车清客，准备承担救援任务
第 5 min						
第 6 min						
第 7 min	3	故障列车救援过程	(1) 打开连挂端车头端头灯； (2) 做好防护并等待救援	车站派工作人员添乘司机室，协助救援列车司机加强防护	有 ATP，救援列车以 SM/ATPM 模式运行至 0 码；无轨旁 ATP，以 RMF 运行一车距离停车；无 ATP，以 URM/NRM 限速 20 km/h 运行至一车距停车	执行救援方案，下达调度命令
第 8 min						通知故障列车前方站及推进至指定地点前最后一站准备组织清客
第 9 min						
第 10 min						
第 11 min					(线路平面曲线半径小于 150 m，司机下车检查车钩)限速 3 km/h 与故障车连挂并试拉	
第 12 min						
第 13 min						
…			故障列车清客	车站派工作人员添乘司机室，协助故障列车司机加强防护	连挂好后推进运行至前方车站	
					继续推进故障列车运行	
			如之前乘客未清完，在推进至指定地点前最后一站组织再次清客			

三、实训任务

如图 14.5 所示，10112 次列车运行至 P 站至 Q 站上行区间公里标 K30＋150 处发生故障，请写出救援过程。

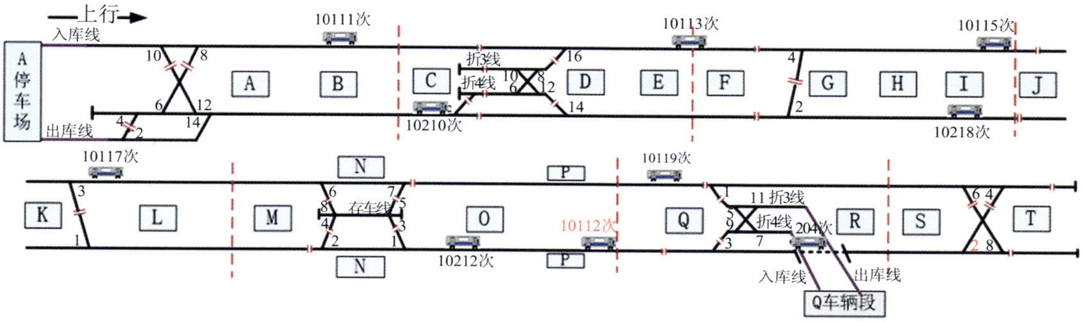

图 14.5 线路图

救援过程中行车调整方案：

方案 1：A 站↔M 站小交路，小交路列车 N 站清客后，空车运行至 M 站经 M 站存车线折返运行至 M 站下行，M 站↔T 站公交接驳；

方案 2：A 站↔G 站小交路，G 站↔T 站公交接驳。

四、实训指导

1. 故障发生时

（1）列车发生故障时司机向运行控制中心报告，并进行故障排除，如图 14.6 和图 14.7 所示。

图 14.6 司机报告列车故障

图 14.7 运行控制中心复诵

（2）3 min 后，司机向行调报告故障无法排除，请求救援，如图 14.8 和图 14.9 所示。

图 14.8　故障列车司机申请救援

图 14.9　运行控制中心复诵

2. 组织救援

(1) 运行控制中心向应急指挥中心汇报，应急指挥中心授权救援。行调群呼：O、P、Q 站及 Q 车辆基地运转、信号楼、故障列车、救援列车，下达救援命令，如表 14.2、图 14.10 至图 14.12 所示。

表 14.2　封锁时的救援调度命令

受令处所	P 站—Q 站(Q 车辆段信号楼、运转值班室)，P 站转交 602 次列车司机	日期	命令号码	行调代号	发令时间
		××	×××	××××	××××
命令内容	① 10212 次列车改开 602 次列车担任救援，到 P 站上线(P 站—Q 站上行 30 km+150 m)连挂故障车，推送到 Q 站经入库回 Q 车辆段； ② 602 次列车凭封锁命令进行连挂； ③ 连挂完毕后凭行调指令行车				

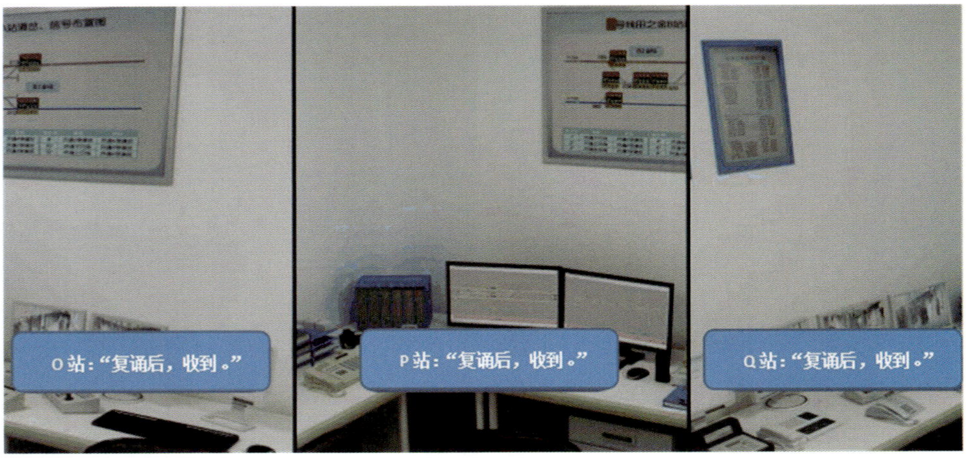

图 14.10　车站接收命令

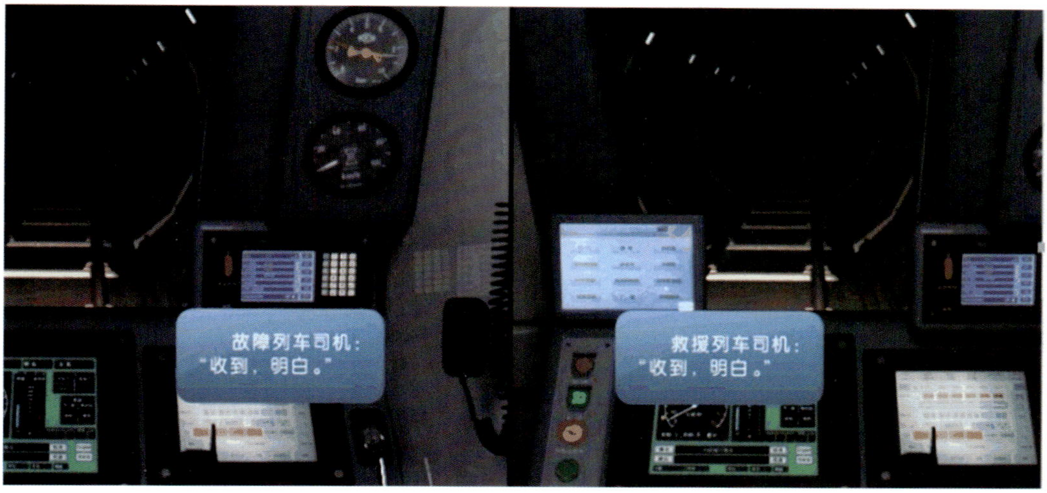

图 14.11　故障列车、救援列车接收命令

图 14.12　Q 车辆段接收命令

3. 救援列车准备

救援列车广播及 P 站清客，如图 14.13 和图 14.14 所示。

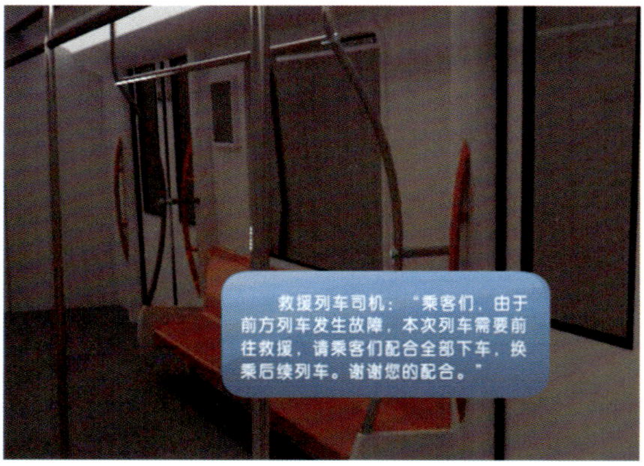

图 14.13　救援列车广播清客

图 14.14　救援列车 P 站清客

4. 接近故障列车与连挂

(1) 救援列车以 ATPM(或 SM)向封锁区间运行,直至列车落码,如图 14.15 所示。

(2) 救援列车切换 RM 模式,以 3 km/h 接近故障列车与故障列车进行连挂,如图 14.16 所示。

图 14.15 救援列车进入封锁区间

图 14.16 救援列车与故障列车连挂

(3) 连挂完成并试拉,如图 14.17 所示。

(4) 救援列车推进故障列车至 Q 站进行故障列车清客(如果救援列车在 P 站乘客未清完,同样在 Q 站进行二次清客),如图 14.18 所示。

图 14.17 连挂完成并试拉

图 14.18 故障列车 Q 站清客

5. 推进/牵引故障列车至指定位置

救援列车推进故障列车至 Q 车辆段车库后解钩,救援列车恢复正常运营,如图 14.19 所示。

五、考核与评价

实操环节由学生、教师和系统进行评分,通过系统评价,学生互评、自评,教师点评,实现多元综合评价,实训总成绩=组间互评(18%)+教师评分(25%)+系统评分(50%)+进步评分(7%)。

图 14.19 推进故障列车至 Q 车辆段车库

六、思考与习题

（1）简述列车故障救援的原则。
（2）解释“顺向救援”的定义。
（3）写出列车救援的过程。

项目十五　区间积水应急处理

一、实训目的

通过本实训，使学生掌握区间积水情况下应急处理流程。

二、实训设备与知识准备

1. 实训设备

城市轨道交通运营仿真沙盘、电子地铁线路图。

2. 知识准备

(1) 区间积水处理“三步”法：

第一步：接报区间积水（运营调度员在接到巡道、巡检人员、司机及其他行车有关人员发现隧道线路积水时，应及时通知驻勤及运营公司进行抢险，并根据需要下达抢险令）。

第二步：确认现场情况：调度令司机确认水势情况（高度 h：积水面距轨面高度），是否能通过；积水是否有上涨的趋势。

列车进入积水区间的运行规定，如表 15.1 所示。

表 15.1　列车进入积水区间的运行规定

<table>
<tr><th>h：积水面距轨面高度</th><th>范围(mm)</th><th>列车运行规定</th></tr>
<tr><td rowspan="4">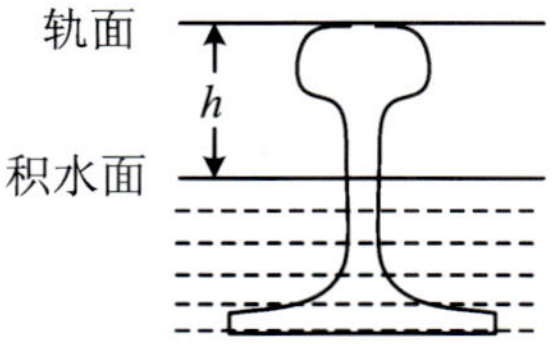
</td><td>h≥150 mm</td><td>允许列车以正常速度通过积水段</td></tr>
<tr><td>100 mm≤h<150 mm</td><td>允许列车按 40 km/h 速度通过积水段</td></tr>
<tr><td>50 mm≤h<100 mm</td><td>列车应限速 20 km/h 通过积水段，司机应谨慎驾驶，尽量以惰行方式通过</td></tr>
<tr><td>h<50 mm</td><td>原则上列车不准通过积水段</td></tr>
</table>

第三步：发布抢修命令，当积水不足以中断行车时，调度命令抢修人员搭乘后续列车进事发地；当积水中断行车时，调度命令抢修人员徒步进事发地。

(2) 行车调整：

① 单侧积水且 $h<50$ mm，如图 15.1 所示；

② 双侧积水且 $h<50$ mm，如图 15.2 所示。

(3) 注意事项：

① 扣车要及时，确保列车停在积水区间前一站（避免列车进入积水区间）。

② 调度人员尽快确定积水原因，协助抢修人员排除积水，并告诉所有列车司机抢修人

员的具体位置，列车在通过该区段时应加强瞭望，鸣笛示意。

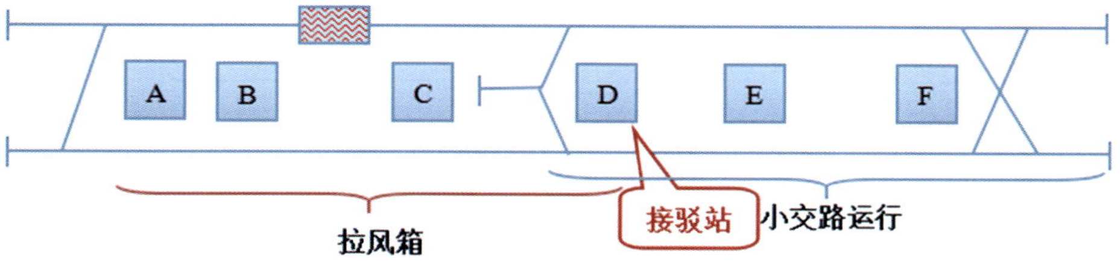

图 15.1　线路单侧积水行车调整

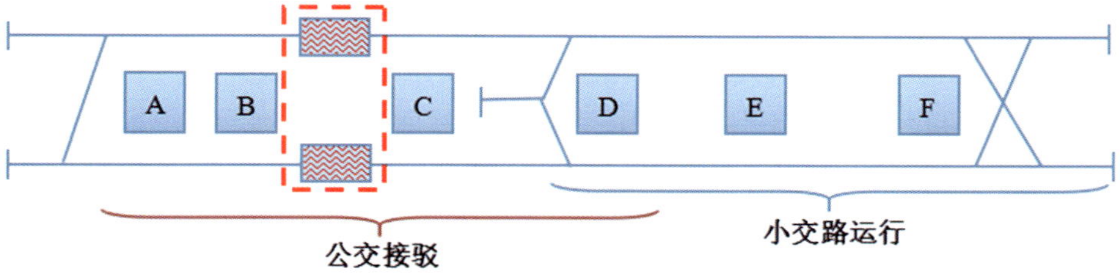

图 15.2　线路双侧积水行车调整

③ 当区间积水造成线路中断时，调度员利用现有的折返线及渡线积极组织其他区段列车运行，特别注意拉风箱列车与小交路列车在接驳站的间隔（接驳方式如图 15.3、图 15.4 所示）。

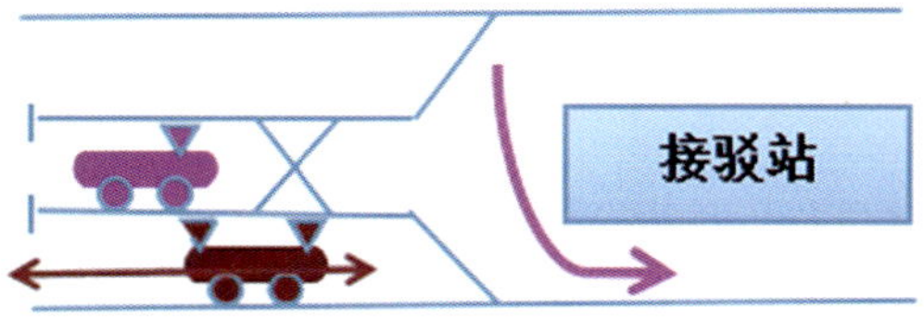

图 15.3　同向接驳

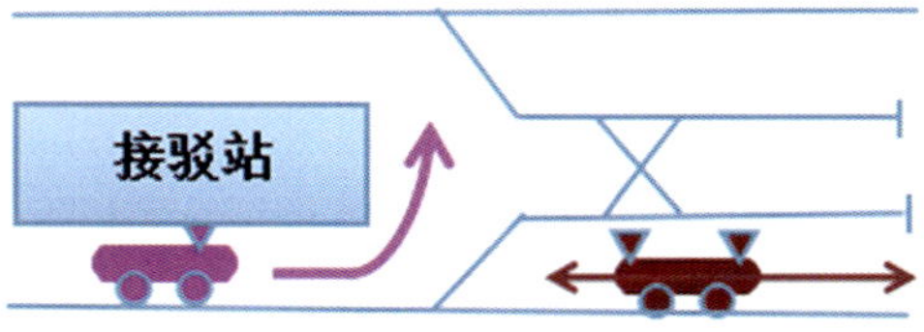

图 15.4　反向接驳

注：小交路列车
拉风箱列车

④ 抢险人员随列车进出区间，应配备通信工具并做好自我及邻线防护；对于夜间地面、高架线路及地下线路，运营调度须令相关车站的行车值班员打开事发区间照明设备。

三、实训任务

某日 15:03，0204 次 1011＃车司机报 E 站上行区间 19 km＋300 m 处水管爆裂，喷水与列车同高，列车无法动车，如图 15.5 所示，针对此次事件拟出下列流程、方案及注意事项：

(1) 事件前期处置流程。

(2) 行车调整方案。

(3) 处置过程中的注意事项。

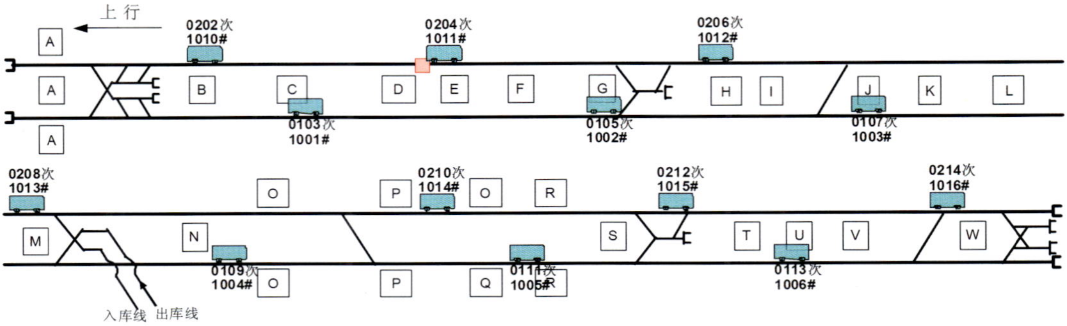

图 15.5　线路单侧积水时行车情况

四、实训指导

1. 前期处置流程

(1) 接 0204 次 1011#车司机报:E 站上行区间 19 km+300 m 处水管爆裂,喷水与列车同高,列车无法动车,行调通知全线列车减速运行,通知 0206 次 1012#列车 G 站停车待令,准备清客。

(2) 行调通知环调(或设调),环调(或设调)通知给排水专业人员,进行现场抢修,通知全线车站做好晚点广播及客运组织与退票务工作。

2. 行车调整方案

(1) 令 0206 次 1012#列车 G 站上行站台清客,后进入 G 站折返线折至 G 站下行站台载客运营,通知 G 站做好客运组织。

(2) 令 1010#列车 A 站清客,空车运行至 G 站下行站台载客(车站配合组织上行方向乘客上车),切除 ATP 反方向运行至 A 站(1001#列车担当拉风箱列车运行)并通知司机 E—D 区间限速 20 km/h 运行且密切注意前方积水和抢修作业人员。

(3) 根据运行情况,可抽掉部分列车下线。

(4) 询问现场抢修小组水势情况:如果积水面距轨面高度 $h \geqslant 50$ mm,按照相关规定组织行车,否则组织 1012#后续列车 G 站折返至 G 站下行站台载客运营;如果积水排除,抢修施工注销,恢复正常运营。

3. 注意事项

(1) G 站作为接驳站,应确保小交路列车和拉风箱列车接驳安全间隔。

(2) 全线各站及时做好列车晚点通告及客流组织工作,G 站及时做好清客及小交路列车乘客换乘拉风箱列车的引导工作。

(3) 抢修人员下线抢修时,必须做好施工登记和注销工作。

五、考核与评价

实操环节由学生、教师和系统进行评分,通过系统评价,学生互评、自评,教师点评,实现多元综合评价,实训总成绩=组间互评(18%)+教师评分(25%)+系统评分(50%)+进步评分(7%)。

六、思考与习题

某日 14:50,0113 次 1006♯车司机报 U 站下行区间 32 km＋100 m 处水管爆裂,喷水与列车同高,列车无法动车,如图 15.6 所示,针对此次事件拟出下列流程、方案及注意事项:

(1) 事件前期处置流程。

(2) 行车调整方案。

(3) 处置过程中的注意事项。

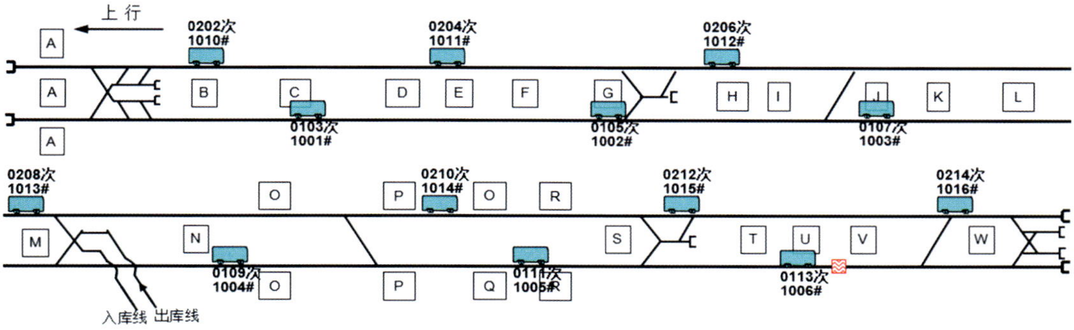

图 15.6　线路单侧积水时行车情况

项目十六　接触网失电应急处理

一、实训目的

通过本实训，使学生掌握触网失电下处理流程与行车调整方法。

二、实训设备与知识准备

1. 实训设备

城市轨道交通运营仿真沙盘、地铁线路图(带供电分区)。

2. 知识准备

(1) 城市轨道交通供电系统的组成。城轨供电系统由两大部分组成：由城市电网引入的电源和城市轨道交通供电系统(即城轨内部供电系统)。城市轨道交通供电系统主要由主变电所、牵引供电系统、供配电系统组成(这里以集中供电方式为例)，如图 16.1 所示。

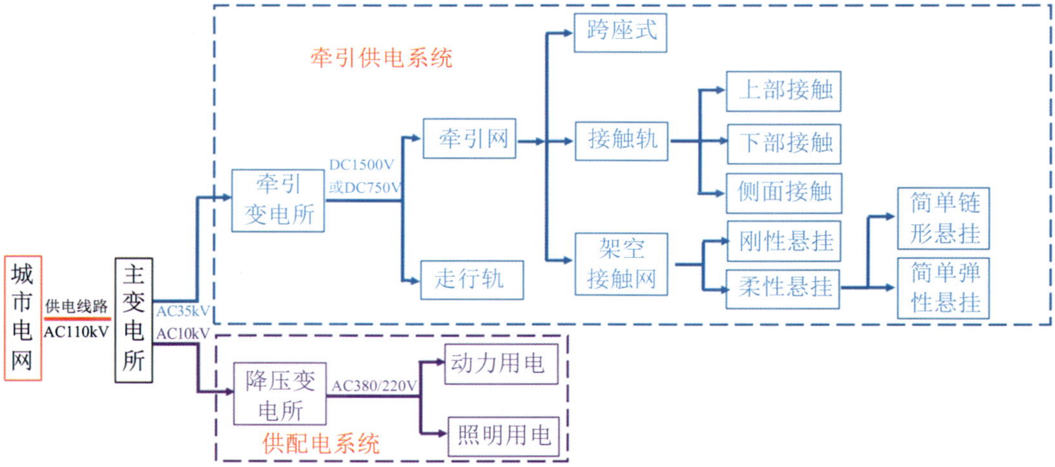

图 16.1　城市轨道交通供电系统的组成

(2) 牵引网类型架构。牵引网的类型架构主要有跨座式、接触轨(第三轨)式、架空接触网式三种，如图 16.2 至图 16.4 所示。

(3) 城市电网对城市轨道交通的供电方式。城市电网对城市轨道交通的供电方式主要有集中式供电、分散式供电和混合式供电方式三种。

① 集中式供电：在城市轨道交通线路沿线建设自己专用的主变电所，这种由主变电所构成的供电方式称为集中式供电。

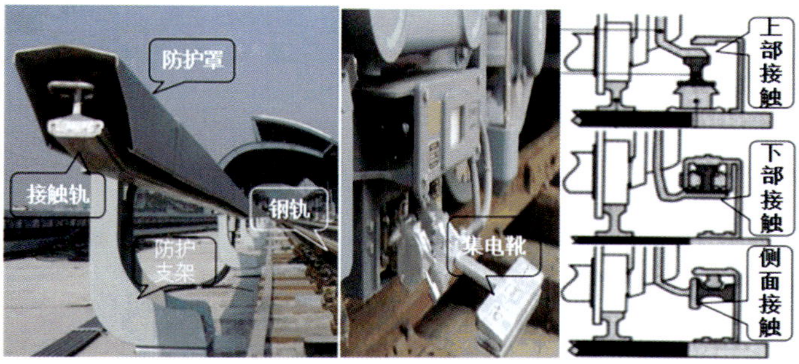

图 16.2 下部式接触轨及三种接触方式架构

图 16.3 跨座式接触网

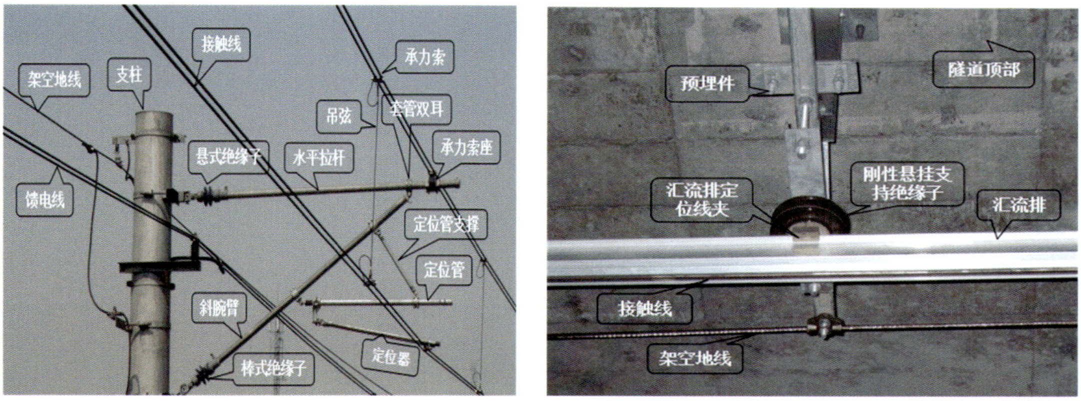

图 16.4 架空式(柔性与刚性接触网)

② 分散式供电:不设主变电所,而直接由城市主电网区域变电所的 35 kV 或 40 kV 电线直接向城市轨道交通线路沿线的牵引变电所或降压变电所供电。

③ 混合式供电:前两种方式结合,以集中供电为主、分散式供电作为补充的一种供电方式。

(4) 牵引供电系统的工作原理。牵引供电系统由牵引变电所、馈电线、接触网(轨)、轨道、回流线组成,其工作原理如图 16.5 所示。

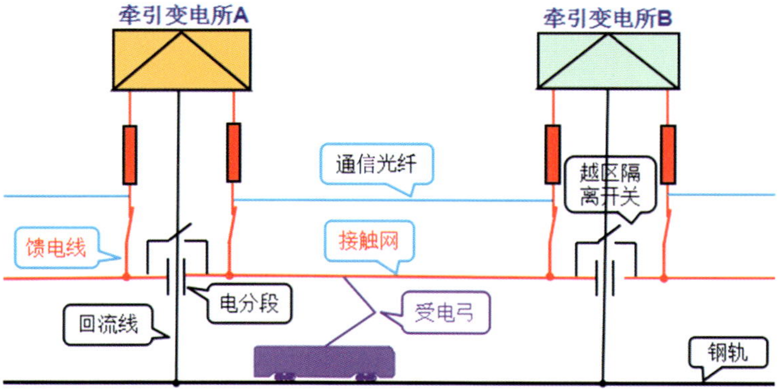

图 16.5 牵引供电系统的工作原理

(5) 触网失电情况。触网失电对正线列车运行影响主要有三种情况:列车迫停站台、部分车厢迫停区间和列车迫停区间。

① 列车迫停站台处理流程如图 16.6 所示。

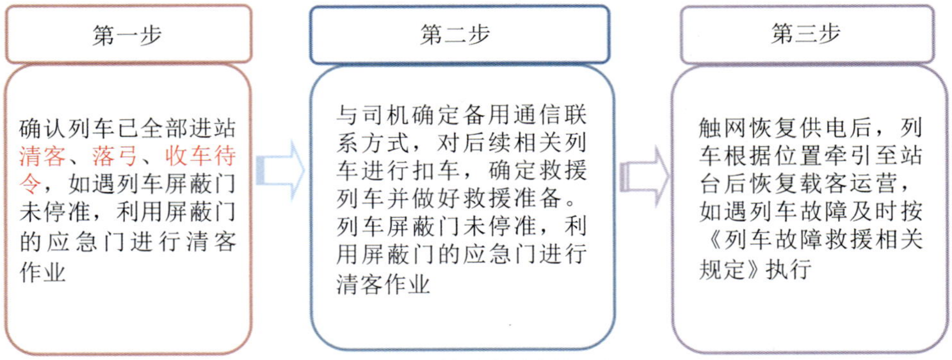

图 16.6 列车迫停站台处理流程

② 部分车厢迫停区间处理流程如图 16.7 所示。

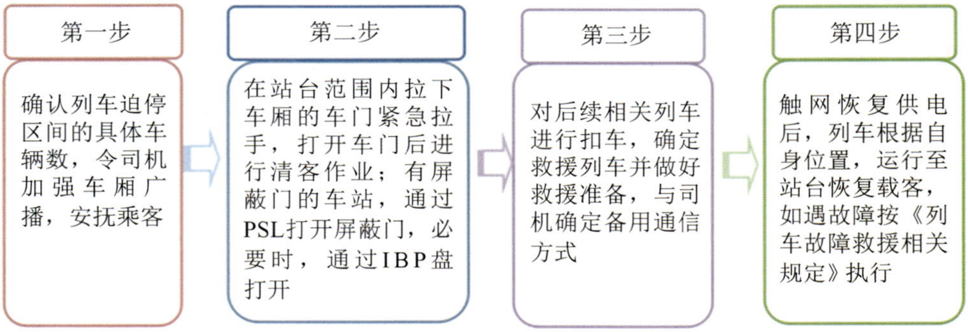

图 16.7 部分车厢迫停区间处理流程

③ 列车迫停区间处理流程：

a. 列车落弓（防止蓄电池将电反馈触网）、不收车待令，司机做好对车厢乘客广播。

b. 调度员开启事故风机对列车迫停区间隧道进行送风，同时令车站打开列车迫停区间隧道照明。

c. 对后续相关列车进行扣车，确定救援列车并做好救援迫停区间载客列车的准备。

d. 与司机确定备用通信联系方式。

e. 立即向轨道交通公安指挥室通报，要求增派警力至载客列车迫停区间相邻车站，若人员步行进入区间登车，调度员应封锁区间。

f. 列车迫停区间 20 min 以上或明确得知短时间内无法恢复供电且故障区段离车库较近，调度员优先考虑使用调机（轨道车）救援。

g. 若必须采取乘客疏散措施，调度员应确认现场公安人员及车站引导员到位，方可向司机发布疏散命令。进行区间疏散时应明确疏散方向并逐节引导车厢人员进行疏散，避免狭窄通道处人员踩踏受伤，并明确该列车司机或指定人员作为最后出清人员，在全部人员出清区间与线路后及时向车站与控制中心报告，若是地面或高架线路还须同时令邻线停运。

h. 迫停区间两端车站应立即派人员步行进入区间引导，并负责维持车厢秩序，按规定方向组织疏散，同时车站做好疏散人员的接应工作。

i. 触网恢复供电后，列车动车前，若列车车门紧急拉手被拉下，调度人员应令司机对车厢乘客广播 3 遍，待紧急拉手恢复确认安全后动车；若紧急拉手仍未恢复或部分车型紧急拉手必须由司机复位时，司机应及时至现场恢复紧急拉手或将故障车门关闭切除后动车。调度员应要求司机加强瞭望，以随时可停车的安全速度运行至下一站正常载客。后续列车司机应加强瞭望，手动运行。

(6) 行车调整：

① 扣车要及时，确保后续列车停在失电区段前一站(避免列车进入无电区域)。

② 参考区间积水行车调整方案。

三、实训任务

如图 16.8 所示，F 站至 J 站下行区间接触网失电(紫色区段)，且短时间无法恢复供电。其中，故障区段内有 103 次列车停在 G 站下行站台，105 次列车停在 J 至 I 站下行区间。针对此次故障：

(1) 写出故障区段 103 次、105 次列车及后续列车处置流程。

(2) 制定行车调整方案。

(3) 指出接驳站及接驳站接驳时的要求。

(4) 供电恢复过程中，投入正常运营前行调、车站行车值班员、司机操作要求。

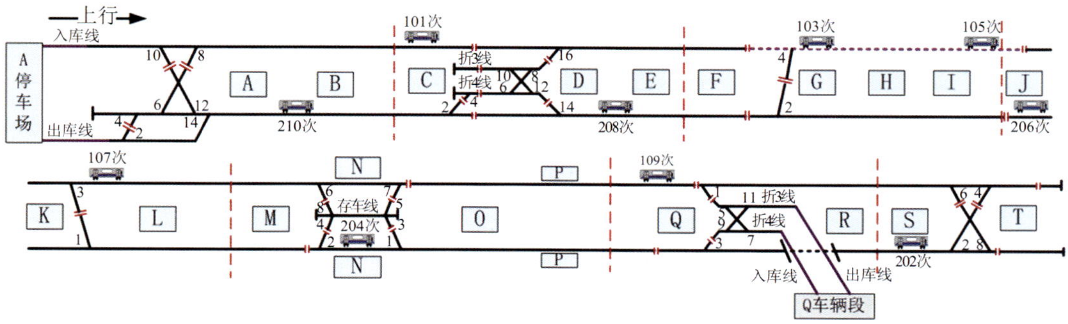

图 16.8　线路图(带供电分区)

四、实训指导

(1) 103 次列车清客、落弓、收车待令；105 次列车落弓不收车停车待令，司机做好乘客广播；后续 107 次列车 M 站下行站台扣车。

(2) 行车方案调整：A↔D 小交路；D↔K 上行拉风箱；K↔T 小交路，适当抽掉小交路部分列车下线。

(3) 接驳站 2 个(D 站与 K 站)，接管车站控制权，取消车站自动信号与连续通过信号；注意拉风箱列车与小交路列车之间的间隔控制：

① C 站接驳：当小交路列车在 D 站折返时，拉风箱列车扣在 E 站上行站台，当拉风箱列

车进D站上行站台时，小交路列车应扣停在C站上行站台或D折返线。

② K站接驳：当小交路列车在K站进行折返时，拉风箱列车扣在J站上行站台，当拉风箱列车进K站上行站台时，小交路列车应扣停K站下行站台。

(4) 供电恢复，投入正常运营前：

① 行调：确认故障范围内的车辆数量及位置；发布抢修命令；通知相关车站做好客运服务与退票工作，下放控制权给接驳站。

② 司机：列车动车前，司机对车门逐节查看，确保车门均已关闭、门紧急解锁恢复、故障车门均已切除。

③ 行车值班员：车站广播通告；做好车站客运组织及退票工作；抢修出/入轨行区的车站应明确赴抢修现场人员人数及身份、负责人以及备用联系方式，并提醒现场人员做好安全防护，再次核实现场人员人数及身份，工完场清，汇报调度。

五、考核与评价

实操环节由学生、教师和系统进行评分，通过系统评价，学生互评、自评，教师点评，实现多元综合评价，实训总成绩＝组间互评(18％)＋教师评分(25％)＋系统评分(50％)＋进步评分(7％)。

六、思考与习题

如图16.9所示，F站至J站上行区间接触网失电(紫色区段)，且短时间无法恢复供电。其中，故障区段内有206次列车停在H站上行站台。针对此次故障：

(1) 写出故障区段206次列车及后续列车处置流程。

(2) 制定行车调整方案。

(3) 指出接驳站及接驳站接驳时的要求。

(4) 供电恢复过程中，投入正常运营前行调、车站行车值班员、司机操作要求。

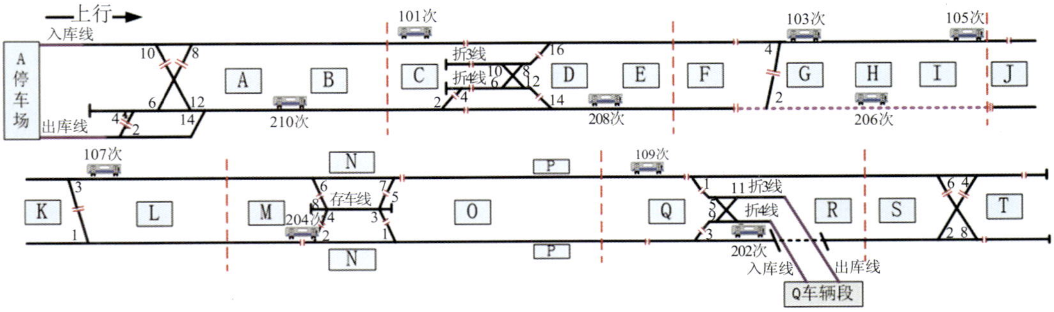

图16.9 线路图(带供电分区)

项目十七　车站应急处置

任务一　车站停电应急处理

一、实训目的

通过本实训，使学生掌握车站站厅、站台大面积停电时车站各岗位的信息汇报及处理流程和行车调整方法。

二、实训设备与知识准备

1. 实训设备

车站标准化作业3D仿真系统。

2. 知识准备

（1）车站失电一般处理流程：

① 如地面/高架车站能见度足以保证乘客进出站安全，列车正常在该车站停车进行上下客作业，但如能见度不足以保证乘客进出站安全，应当视同地下车站处置。

② 地下车站如无应急照明，应立即启动车站紧急疏散程序；如有应急照明，在启用后的15 min内维持车站只出不进、列车到达后开门下客，如15 min后仍不能恢复照明，则应启动车站紧急疏散程序。启动车站紧急疏散程序，调度员应下令关闭该站，同时保持屏蔽门关闭，后续列车从本站通过，及时通知全线该车站关闭并报COCC。

③ 车站失电造成信号电源失电，如信号不间断电源(UPS)故障或间断时，调度员应取消中途站折返作业，将正线道岔定位钩锁保障进路安全，同时布置在上述位置采取人工显示道岔开通手信号接发列车，并布置司机在故障区段采取CLOSE-IN/RMO/RMF方式运行，加强瞭望、控制车速以保障列车安全。

④ 如停电车站为终端站，除车站关闭外，所有列车终点站都改为原终端站前一车站，列车在前一站清客完毕后，若该站具备列车折返功能，则所有列车终点站改为前一站；若该站无折返功能，则继续运行至终端站进行折返作业，如终端站信号UPS电源故障或间断时，车站采用手摇道岔折返，出发列车始发站调整为始发站后一车站。

⑤ 需要关闭车站时，调度员还应及时请求公安人员协助维护车站秩序。

（2）车站停电并造成单个集中站联锁失电：

① 地下车站如无应急照明，应立即启动车站紧急疏散程序。

② 如有应急照明，在启用后的 15 min 内维持车站只出不进、列车到达后开门下客，如 15 min后仍不能恢复照明，则应启动车站紧急疏散程序。启动车站紧急疏散程序，调度员应下令关闭该站，同时保持站台门关闭，后续列车从本站通过，及时通知全线该车站关闭并报 COCC。

③ 车站失电造成信号电源失电，如信号 UPS 故障或间断时，调度员应取消中途站折返作业，将正线道岔定位钩锁以保障进路安全，同时布置在上述位置采取人工显示道岔开通手信号接发列车，并布置司机在故障区段采取 CLOSE-IN/RMO/RMF 方式运行，加强瞭望、控制车速以保障列车安全。

④ 如停电车站为终端站，除车站关闭外，所有列车终点站都改为原终端站前一车站，列车在前一站清客完毕后，若该站具备列车折返功能，则所有列车终点站改为前一站（如图 17.1 所示）；若该站无折返功能，则继续运行至终端站进行折返作业，如终端站信号 UPS 故障或间断时，车站采用手摇道岔折返，出发列车始发站调整为始发站后一车站（如图 17.2 所示）。

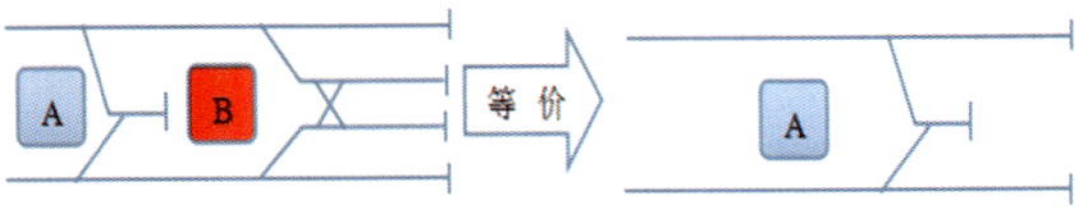

图 17.1　A 站具备折返条件

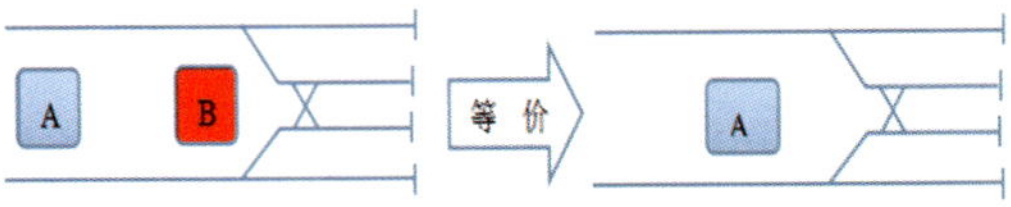

图 17.2　A 站不具备折返条件

⑤ 需要关闭车站时，调度员还应及时请求公安人员协助维护车站秩序。

三、实训任务

如图 17.3 所示，A 站大面积停电（短时间无法恢复），且造成 A 站联锁故障，请写出车站、司机各岗位的行动及调度员的工作。

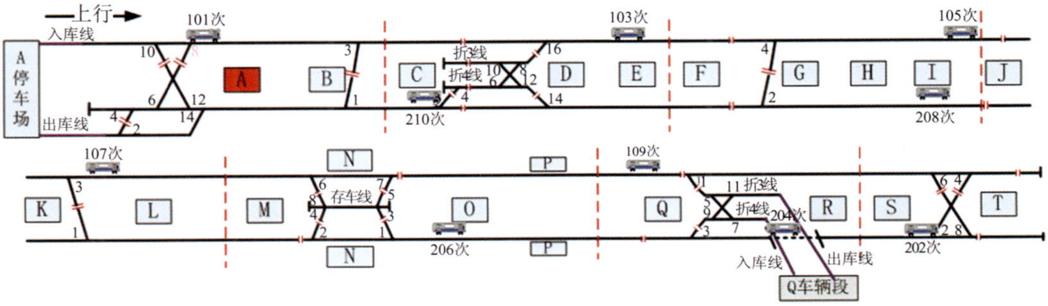

图 17.3　线路图

四、实训指导

1. A 站各个岗位行动内容

行车值班员：查看情况报行调、车站值班站长，执行车站大面积停电应急预案，请求地铁公安人员、保安人员协助疏散乘客。

值班站长：组织车站工作人员疏散乘客，安排厅巡检查电梯是否困人。

售票员：关窗停止售票，锁好票亭，协助客运值班员疏散乘客。

厅巡：疏散乘客，乘客疏散完毕后关站。

2. B站行动内容

B站做好乘客的解释工作，引导去A站方向乘客换乘接驳公交。

3. 其他车站内容

接到OOC通告后，各站向乘客广播“因故障，开往A站方向的列车目前只运行到B站”信息，并做好解释工作。

4. 司机行动内容

司机广播通知乘客本次列车终点站为B站，去往A站的乘客下车后按照工作人员的引导换乘公交。

5. OCC工作内容

行调：接A站报告后，询问电调短时间无法恢复供电，报主任调度及COCC，经主任调度同意执行车站大面积停电疏散预案，并通知车站。

行车调整方案：由A↔T交路改成B↔T交路，B→A采用公交接驳。

五、考核与评价

实操环节由学生、教师和系统进行评分，通过系统评价，学生互评、自评，教师点评，实现多元综合评价，实训总成绩＝组间互评(18％)＋教师评分(25％)＋系统评分(50％)＋进步评分(7％)。

六、思考与习题

如图17.4所示，T站大面积停电(短时间无法恢复)，且造成T站联锁故障，请写出车站、司机各岗位的行动内容及调度员的工作内容。

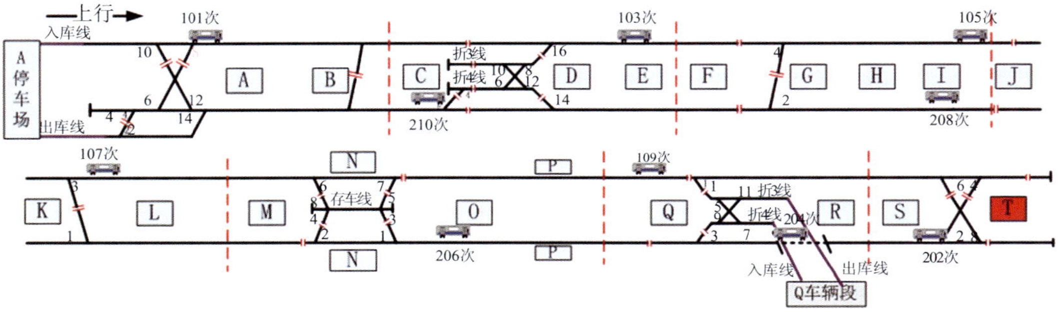

图17.4 线路图

任务二　车站大客流应急处理

一、实训目的

通过本实训,使学生掌握车站大客流处置流程与办法。

二、实训设备与知识准备

1. 实训设备

车站实训室、城市轨道交通车站标准化作业仿真系统。

2. 实训准备

(1) 客流组织的目标。以乘客安全为前提,确保乘客在运输过程中秩序良好和车站客流组织顺畅。

(2) 客流组织模式分类。分为车站级客流控制、单线级客流联控和线网级客流联控,可结合需要,同时采取多种或越级使用客流控制模式。

(3) 大客流控制启动条件,如图 17.5 所示。

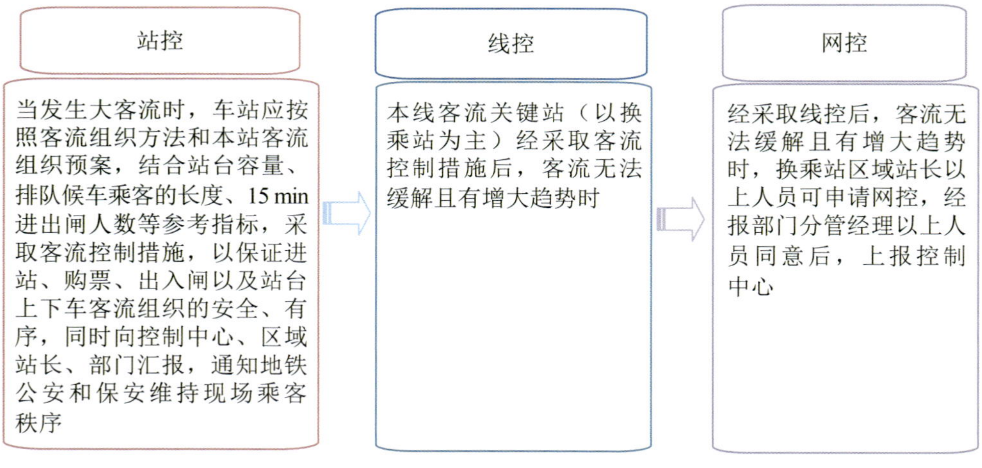

图 17.5　大客流控制启动条件

(4) 车站级大客流控制办法。一级客流控制、二级客流控制、三级客流控制,如表 17.1 所示。

(5) 控制原则。由内至外、先控制入闸客流,再控制换乘客流;点控、线控与网控相结合;坚持集中领导、统一指挥。

表 17.1 车站级大客流控制办法

一级客流控制 	控制目的	减缓乘客到达站台速度，减少站台乘客数量
	控制点	站厅与站台的楼梯/扶梯连接处
	控制措施	(1) 改变扶梯走向； (2) 引导乘客走楼梯； (3) 根据车站布局及地理位置在付费区空旷处设置 S 形线路等
二级客流控制 	控制目的	减缓乘客进入付费区速度，减少付费区乘客数量
	控制点	进站闸机处
	控制措施	(1) 关闭进闸机限流； (2) 在进闸机口设置铁马等使乘客分批进闸； (3) 在非付费区设置回形线路等
三级客流控制 	控制目的	减缓乘客进入车站速度，减少车站乘客数量
	控制点	出入口
	控制措施	(1) 在出入口用铁马等备品限制乘客进站； (2) 在出入口外设置回形线路等

三、实训任务

站厅付费区出现拥挤，站台拥挤，如图 17.6 所示。

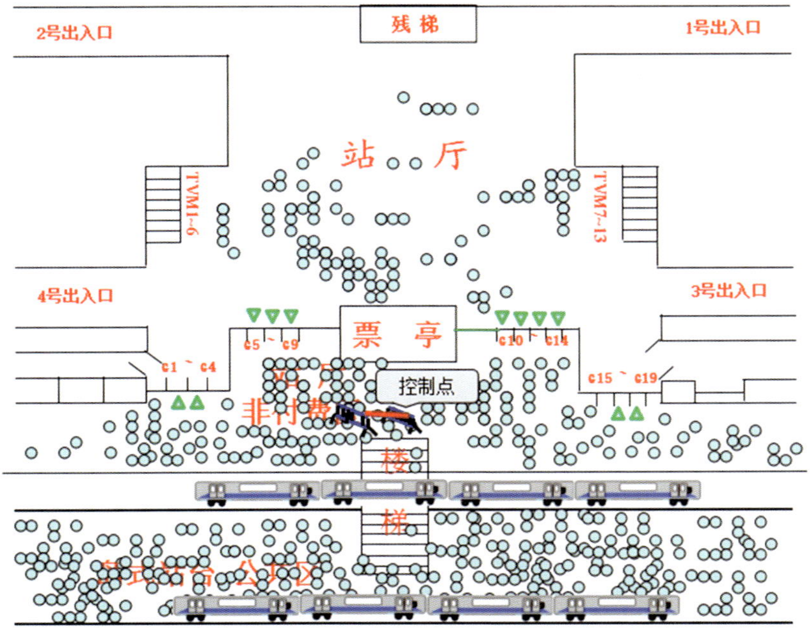

图 17.6 站台大客流

四、实训指导

（1）客值与值班站长对话，如表 17.2 所示。

表 17.2 客值与值班站长对话

客值	值班站长
（1）呼叫值班站长 （3）现站厅付费区、上下行站台客流较大，进站客流有增长趋势，具备一级客流控制条件 （5）按一级客流控制预案执行，收到	（2）值班站长有 （4）上下行站台大客流，站厅付费区大客流，进站客流有增长的趋势，具备一级客流控制条件，请按一级客流控制预案执行

（2）值班站长与行值对话，如表 17.3 所示。

表 17.3 值班站长与行值对话

值班站长	行值
（1）呼叫车控室（行值） （3）现站厅付费区、上下行站台客流较大，进站客流有增长趋势，执行一级客流控制预案，发布公告信息，关闭部分进站闸机，关注客流变化，请求地铁公安人员、保安协助	（2）车控室（行值）有 （4）执行一级客流控制预案，发布公告信息，关闭部分进站闸机，关注客流变化，请求地铁公安人员、保安协助，收到

（3）行值：通过乘客信息系统（PIS）发布大客流信息与乘客安全乘车提醒（乘客们，现车站人多拥挤，请按工作人员的指示有序进站，切勿拥挤），通过车站计算机系统（SC）关闭部分进站闸机。

（4）客值呼叫 2 名厅巡并通知保安到站厅通往站台楼梯口处设置警戒带进行限流。

（5）行值与行调对话，如表 17.4 所示。

表 17.4 行值与行调对话

行值	行调
（1）呼叫行调 （3）我是××站行值，××站上下行站台客流较大，站厅付费区大客流，非付费区客流有增长的趋势，现已采取车站一级客流控制措施 （5）暂不需要，收到，请做好车站广播和客流组织工作	（2）行调有，请讲 （4）复诵，需不需要安排空车

（6）客流流量减弱，如图 17.7 所示。

① 客值向值班站长汇报，客流已减弱，可恢复日常客流组织。

② 值班站长通知取消车站一级客流控制预案，通知行值恢复相应设备，并报行调。

五、考核与评价

实操环节由学生、教师和系统进行评分，通过系统评价，学生互评、自评，教师点评，实现多元综合评价,实训总成绩=组间互评(18%)+教师评分(25%)+系统评分(50%)+进步评分(7%)。

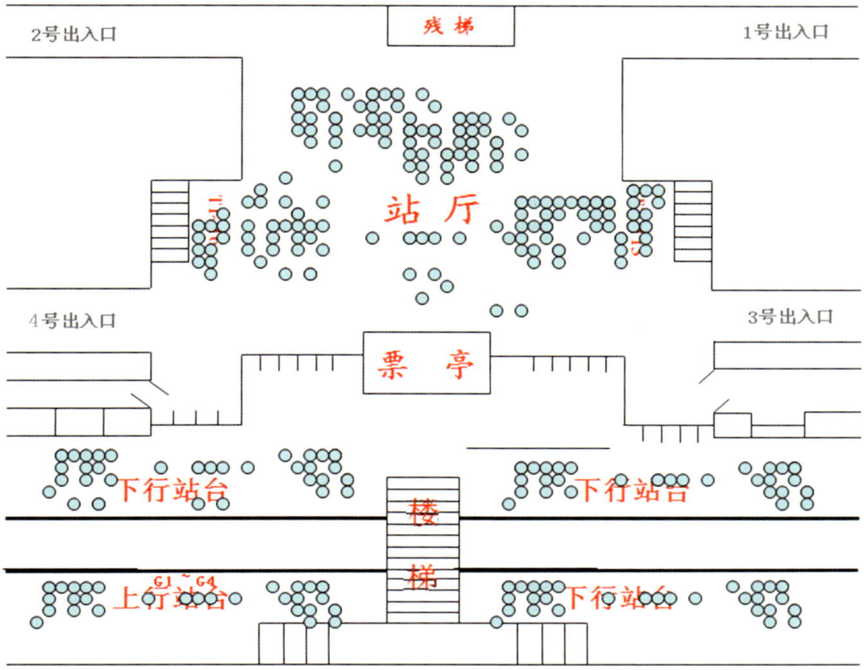

图 17.7　站台客流恢复

六、思考与习题

(1) 简述客流组织目标和模式。
(2) 简述车站大客流控制办法。
(3) 简述大客流控制启动条件。

任务三　车站火灾应急处理

一、实训目的

通过本实训,培养学生对车站(站厅、站台、设备区)发生火灾突发事件时的应对处理能力。

二、实训设备与知识准备

站台 A 火灾

1. 实训设备

车站实训室、车站标准化作业 3D 仿真系统。

2. 知识准备

(1) 站台、站厅、设备区火灾处理流程如图 17.8 所示。

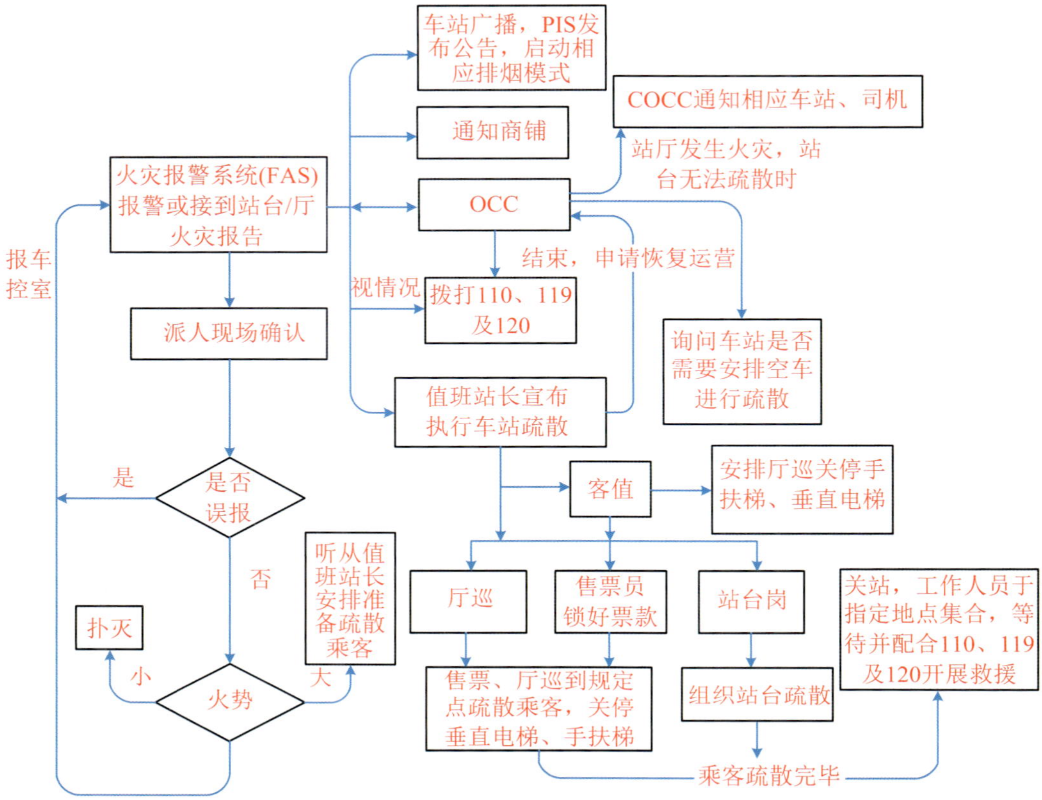

图 17.8 车站火灾处理流程

(2) 车站火灾排烟模式：

① 站厅火灾：站厅排风(负压)、站台送风(正压)。

② 站台火灾：站台排风(负压)、站厅送风(正压)。

③ 设备区火灾：设备区在站台/厅层，按站台/厅火灾排烟模式处理。

三、实训任务

某日××车站(非换乘站)站厅火灾火势较大，站台乘客无法从站厅疏散，请写出车站各岗位处置工作内容及行调处置流程。

四、实训指导

(1) 厅巡发现火灾立即报车控室、值班站长(报告内容：火灾位置、火势较大且无法扑灭)。

(2) 行车值班员：报 OCC 调度员、广播与 PIS 发布车站站厅火灾通告、开启车站火灾紧急模式及相应的排烟模式。

(3) 值班站长：宣布执行火灾应急疏散，安排厅巡关停车站手扶梯与垂直电梯。

(4) 厅巡:到达预案指定位置进行疏散。

(5) 售票员:锁好票款后到站厅火灾疏散预案规定位置进行乘客疏散。

(6) 站台岗:组织乘客向站厅疏散,如果站厅火势较大无法疏散需报车控室,请求行调安排空车支援。

(7) 行调:报 COCC,组织列车火灾站不停车,并通知全线其他车站列车在火灾车站不停站(做好客运服务工作);接到火灾站请求支援,安排空车运行至火灾车站相应站台疏散。

(8) 司机:列车对乘客广播"因××站发生火灾不停站,乘客可在就近车站下车,换乘其他交通工具"。

五、考核与评价

实操环节由学生、教师和系统进行评分,通过系统评价,学生互评、自评,教师点评,实现多元综合评价,实训总成绩=组间互评(18%)+教师评分(25%)+系统评分(50%)+进步评分(7%)。

六、思考与习题

(1) 请写出车站火灾的几种排烟模式。

(2) 某日客流高峰,××车站(非换乘站)站台发生火灾,火势较大,请写出车站各岗位处置工作内容及行调处置流程。

任务四　车门/站台门夹人夹物处理

一、实训目的

通过本实训,使学生掌握车门/站台门夹人夹物处理流程。

二、实训设备与知识准备

1. 实训设备

车站门系统一套。

2. 知识准备

(1) 紧急停车按钮(ESB 或 PESB)的设置位置、数量与功能:

① 设置数量:一般每侧站台设置两个(如图 17.9 和图 17.10 所示),特殊情况下(如站台长度较长)可设置三个,分别位于每侧站台的两端与中部。

② 设置位置:位于站台两端的楼梯、电扶梯侧墙或立柱上(乘客容易抢上抢下,便于车站工作人员第一时间按压的位置),如图 17.9 和图 17.10 所示。

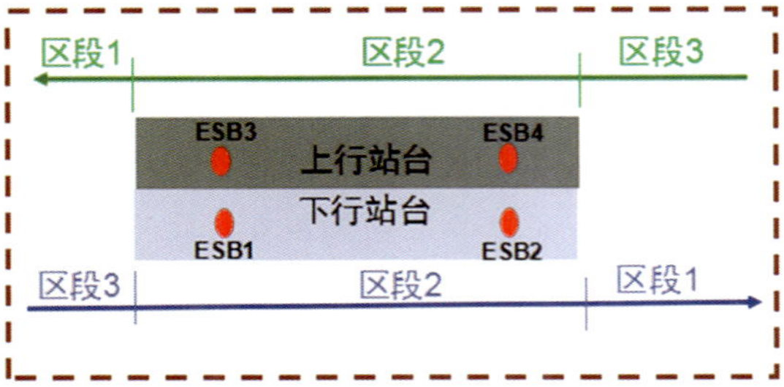

图 17.9 岛式站台 ESB 设置

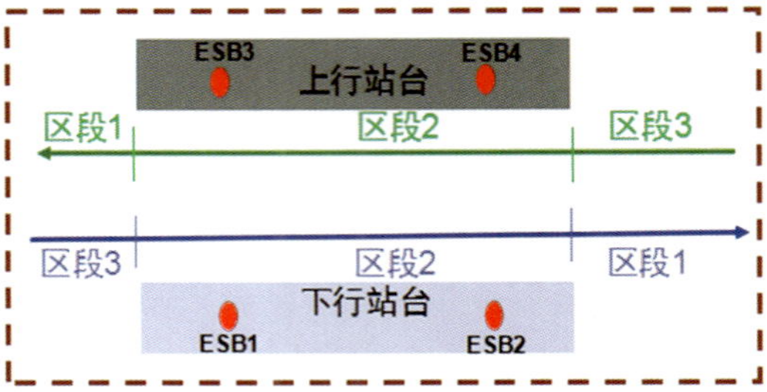

图 17.10 侧式站台 ESB 设置

③ 功能：任意按下岛式站台一侧的一个按钮，被按下那一侧三个轨道区段上受 ATP 保护的列车产生紧急制动(EB)；任意按下侧式站台一侧的按钮，两侧的每一侧三个轨道区段上行驶的受 ATP 保护的列车产生紧急制动(EB)。

(2) 车门站台门夹人夹物的处理程序：

① 列车/未启动时处理程序：发生车门/站台门夹人夹物且列车未启动时，车站工作人员处理程序，如表 17.5 所示。

表 17.5 列车未启动时处理程序

岗位	岗位行动
站台保安或站务员	(1) 发现列车车门/站台门夹人夹物，立即就近按下紧急停车按钮，向司机显示停车手信号； (2) 在赶赴现场查看的同时将情况报告车控室； (3) 示意司机重新打开车门/站台门； (4) 将人或物撤出后，向车控室报告，并向司机显示"好了"信号； (5) 值班站长到场后，协助调查处理
行车值班员	(1) 发现异常或接到报告后，通知值班站长前往处理，并向行调汇报； (2) 利用 CCTV 观察现场情况； (3) 需要时，请求地铁公安部门或运管办到场协助； (4) 接到人或物撤出通知后，取消紧停，恢复正常运作； (5) 通知通号车间调度恢复站台紧急停车按钮
值班站长	(1) 赶赴现场，调查事件原因； (2) 如发生客伤事故，按"客伤处理程序"办理； (3) 如是乘客抢上抢下造成时，寻找目击证人，并记录详细资料； (4) 对乘客进行教育，对蛮不讲理的乘客，通知运管办到场处理； (5) 事件处理完毕后，将有关情况通报行调

② 列车已动车时处理程序：发生车门/站台门夹人夹物且列车已动车时，车站工作人员处理程序，如表 17.6 所示。

(3) 汇报时标准用语。发生车门/站台门夹人夹物时，车站工作人员汇报流程如表 17.7 所示。

表 17.6　列车已动车时处理程序

岗位	岗位行动
站台保安或站务员	(1) 发现列车车门/车站门夹人夹物，列车已启动，应立即就近按下紧急停车按钮； (2) 立即将情况报告车控室，如列车尚未出站，应前往夹人夹物现场了解情况和处理；如列车未停止运行，应立即报车控室
行车值班员	(1) 发现异常或接到报告后，立即向行调汇报，并通知值班站长到现场处理；如列车未停止运行，应立即向行调汇报，不能立即与行调通话时，应通知前方站扣停列车进行处理； (2) 利用 CCTV 观察现场情况；需要时，请求地铁公安部门到场协助； (3) 接到行调通知后，取消紧停，恢复正常运作
值班站长	赶赴现场进行处理，调查事件原因，并评估是否对车站设备造成影响，将有关情况通报行调

表 17.7　车门/站台门夹人夹物汇报标准用语

位置	岗位	岗位行动
车门	站台保安或站务员	"车控室，上行(下行)列车×号车厢×号车门夹人(夹物)"
	行值	"行调，××站站上行(下行)站台(出站)列车×号车厢×号车门夹人(夹物)"，注：应确定列车运行方向哪侧车门夹人夹物
站台门	站台保安或站务员	车控室，××站站台门第×档滑动门夹人(夹物)
	行值	行调，××站站台门第×档滑动门夹人(夹物)

三、实训任务

某日 16:27，如图 17.11 所示，交通学院站下行站台门第 18 档滑动门夹人，站台门未报警，司机未发现，司机进入驾驶室，准备动车，但列车未启动。针对此次情况，作为站台保安或站台站务员的你该怎样处置？

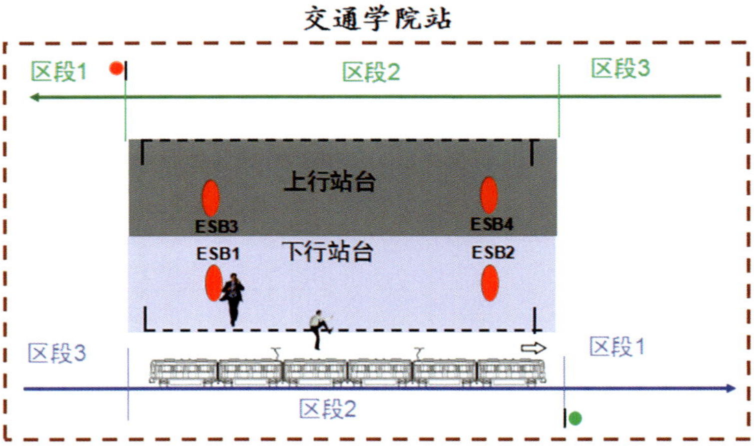

图 17.11　站台门夹人现状

四、实训指导

(1) 站台保安或站台站务员 A 工作流程：

① A 发现后立即就近按下 ESB 按钮(如 ESB1)。

② A 快速赶到夹人处，并立即将情况报告车控室(用语："车控室，下行站台门第 18 档滑动门夹人")。

③ A 示意司机重新开门，将被夹乘客撤出，向车控室报告(用语："车控室，下行站台门第 18 档滑动门被夹乘客已撤出")，并向司机显示"好了"信号。

④ A 询问乘客是否受伤，并等待值班站长到场处理。

(2) 行车值班员 B 行动流程：

① 接到 A 报告后，通知值班站长前往处理，并向行调汇报(用语："行调，交通学院站下行站台门第 18 档滑动门夹人")。

② 利用 CCTV 观察现场情况，需要时，请求地铁公安部门或运管办到场协助。

③ 接到 A 报告人或物撤出通知后，取消紧停，恢复正常运作。

④ 通知通号车间恢复站台紧急停车按钮。

(3) 值班站长处置流程：

① 值班站长接 B 报告后赶赴现场，调查事件原因。

② 如发生客伤事故，按"客伤处理程序"办理；如是乘客抢上抢下造成时，寻找目击证人，并记录详细资料。

③ 对乘客进行教育，对蛮不讲理乘客，通知运管办到场处理。

④ 事件处理完毕后，将有关情况通报行调。

五、考核与评价

实操环节由学生、教师和系统进行评分，通过系统评价，学生互评、自评，教师点评，实现多元综合评价，实训总成绩＝组间互评(18%)＋教师评分(25%)＋系统评分(50%)＋进步评分(7%)。

六、思考与习题

(1) 出现车门/站台门夹人夹物时，各岗位该如何开展工作?

(2) 出现车门/站台门夹人夹物时，司机即将动车或已动车，作为站务员的你第一时间要做的是什么?

模块五

检修施工组织

项目十八　车站施工管理与协调

一、实训目的

通过本实训，使学生能对全线不同车站施工进行管理与协调。

二、实训设备与知识准备

1. 实训设备

轨道交通线路图、黑色签字笔。

2. 知识准备

(1) 施工作业的分类。

(2) 施工组织程序。

(3) 车站施工的安全间隔。

(4) 核心施工与一般施工的安排次序。

三、实训任务

(1) 某轨道交通线路如图 18.1 所示。

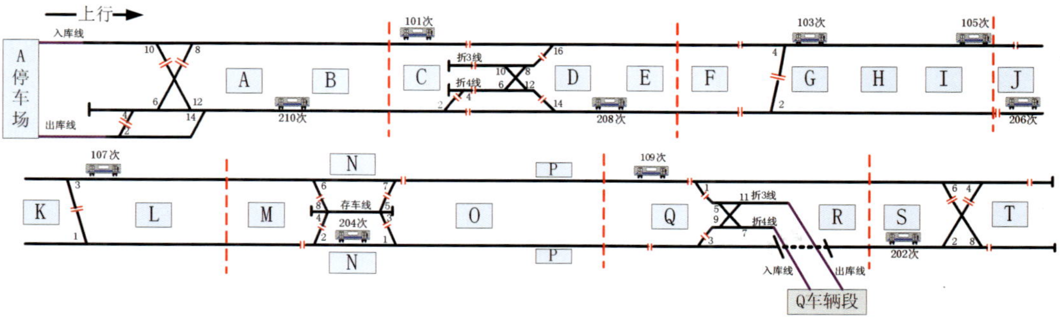

图 18.1　轨道交通线路图

① 施工时间 23:00—次日 4:00。

② 施工内容及时间：

a. 运营公司的委外单位在 J 站至 N 站进行上下行区间消防设备巡检，计划时间为 0:10—3:00。

b. 清洁公司在I站至K站上下行进行站台门清扫作业，涉及接触网停电作业，停电范围为I站至K站上下行，计划时间为23:30—次日4:00。

c. 维保工务在A站至C站上行进行备轨作业，轨道车从A停车场出库，施工结束后回A停车场，计划时间为0:10—4:00。

d. 维保通号在O站至T站上下行进行电客列车调试，列车从A停车场出库，施工结束后回A停车场，计划时间为0:10—4:20。

e. 因日间运营期间D站出现道岔失表现象，维保通号申请临时抢修施工，计划时间为23:00—次日3:00。

(2) 从运营调度的角度，根据所给的条件，对全线施工进行合理安排，如发现施工本身有安全隐患的，要及时修改，并尽量满足所有施工条件。

四、实训指导

(1) 通过对上述进行检查后，发现问题并调整：

① 施工b，施工范围大于停电范围，调整措施是停电范围延长为G站至N站上下行，停电范围延长至N站后，与施工d的动车区段没有满足一个供电区段的间隔，所以考虑动车区段缩短至Q站至T站上下行，或者缩短站台门施工区段为I站至J站上下行，目前采用缩短动车距离。

② 抢修施工e与施工c的安全间隔没有满足一站一区间，调整措施是缩短施工c的施工区段，改为A站至B站上下行。

③ 施工d的施工时间超过了全线规定的施工时间段，而且施工d的列车是A停车场，所以不得超过施工时间，可定为0:10—4:00。

④ 施工b的施工时间区段安排不合理，开始过早、结束过晚，因为运营调度必须在b施工没有开始之前安排施工d列车至施工区段，在b施工结束后，安排施工d列车回车库，还涉及停送电，故施工b时间段应该缩短为0:20—3:30。

(2) 施工前安排次序：

① 运营调度安排施工d列车运行至施工区段，一般为Q站上行。

② 动车到位后，组织施工登记。

③ 停电施工b，必须待停电完毕后，方可同意登记，并提醒施工方挂接地线及验电。

(3) 施工结束后安排次序：

① 施工d注销后，必须确认施工b的施工注销且送电完毕。

② 施工b施工注销后，要提醒施工方拆除接地线，并及时送电。

从运营角度看，组织夜间施工时，要掌握以下几项安全原则：

① 人工施工与动车施工的安全距离至少为一站一区间。

② 动车施工与动车施工的安全距离至少为两站一区间或一站两区间。

③ 需触网供电的动车施工与接触网停电施工在同一线路同时作业时，动车作业所在的供电区段与接触网停电区段的安全防护距离至少为一个供电区段。

④ 所有施工不得超出施工范围，施工范围不得超出停电范围。

五、考核与评价

实操环节由学生、教师和系统进行评分，通过系统评价，学生互评、自评，教师点评，实现多元综合评价，实训总成绩＝组间互评（18％）＋教师评分（25％）＋系统评分（50％）＋进步评分（7％）。

六、思考与习题

（1）车站施工的安全间隔是如何规定的？

（2）核心施工与一般施工的安排次序是如何规定的？

项目十九　车站检修施工台账填写

一、实训目的

通过本实训，使学生会填写车站检修施工作业的请、销点台账。

二、实训设备与知识准备

1. 实训设备

请、销点台账，黑色签字笔。

2. 知识准备

（1）施工作业的分类。

（2）施工组织程序。

（3）施工行车通告。

（4）车站动火作业。

三、实训任务

填写车站检修施工作业的请、销点台账。

四、实训指导

车站检修施工台账填写主要包括以下五类：普通施工、异地施工、延时施工、动火施工、多点施工。

1. 普通施工

施工单位：通号部门。

施工负责人：李四。

施工内容：在运营期间对站台紧急停车按钮玻璃进行更换。

施工时间：2022.3.18　08:30—09:30。

施工范围：太湖路站。

车站值班员：交院。

分析：

普通施工且非影响行车施工由车站站长批准施工，不需要提前 15 min 到达（可不写），不需要“同意施工令号”与“注销施工令号”（表 19.1）。

表 19.1　车站普通施工台账

施工登记内容														施工注销内容					
年/月/日	施工单位	施工负责人	施工内容（故障内容）	到达时间	施工地点		施工时间		停电范围		异地注销车站（多点施工）	同意施工令号	车站值班员签认	注销/修复时间	注销人签名	施工(故障修复)结果	注销施工令号	车站值班员签认	备注
					起	止	起	止	起	止									
2022/3/18	通号部门	李四	站台紧急停车按钮玻璃更换		太湖路站	太湖路站	08:30	09:30					交院	09:20	李四	工完场清		交院	

2. 异地施工

施工单位:工务部门。

施工负责人:张三。

施工内容:堵漏。

施工时间:2022.5.12 23:30—次日03:30。

施工范围:龙阳路上下行至淞虹路站。

停电范围:龙阳路上下行至徐泾东上下行。

注销站:中山公园站。

同意施工号:01001。

注销施工令号:61001。

龙阳路车站值班员:交院。

中山公园站值班员:城信。

分析:

异地施工且影响行车施工需行车调度批准施工,需要提前15 min到达,需要"同意施工令号"与"注销施工令号"(表19.2、表19.3)。

3. 延时施工

施工单位:通号部门。

施工负责人:张三。

施工内容:道岔检修。

施工时间:2022.7.26 23:40—次日03:30。

施工范围:龙阳路岔区。

同意施工号:01001。

注销施工令号:61001。

龙阳路车站值班员:交院。

分析:

延时施工且影响行车施工需行车调度批准施工,需要提前15 min到达,需要"同意施工令号"与"注销施工令号",在原施工结束前20 min与行调联系(得到行调批准),信号施工注销前进行信号设备测试(表19.4)。

注意:

(1)在原施工结束前20 min与行调联系(得到行调批准)。

(2)施工的延长不能影响其他施工的进行及当日的正常运营,若影响先注销原施工并向行调申请抢修施工,调度应及时发布抢修命令。

表 19.2 异地施工龙阳路站填写台账

施工登记内容															施工注销内容					
年/月/日	施工单位	施工负责人	施工内容（故障内容）	到达时间	施工地点		施工时间		停电范围		异地注销车站（多点施工）	同意施工令号	车站值班员签认	注销/修复时间	注销人签名	施工（故障修复）结果	注销施工令号	车站值班员签认	备注
					起	止	起	止	起	止									
2022/5/12	工务部门	张三	堵漏	23:15	龙阳路上下行	淞虹路站	23:30	次日03:30	龙阳路上下行	徐泾东上下行	中山公园站	01001	交院	08:20	接中山公园站值班员电话注销	工完场清	61001	交院	

表 19.3 异地施工中山公园站填写台账

施工登记内容															施工注销内容					
年/月/日	施工单位	施工负责人	施工内容（故障内容）	到达时间	施工地点		施工时间		停电范围		异地注销车站（多点施工）	同意施工令号	车站值班员签认	注销/修复时间	注销人签名	施工（故障修复）结果	注销施工令号	车站值班员签认	备注
					起	止	起	止	起	止									
2022/5/12	工务部门	张三	堵漏	23:15	龙阳路上下行	淞虹路站	23:30	次日03:30	龙阳路上下行	徐泾东上下行		01001	城信	08:20	张三	工完场清	61001	城信	登记站：龙阳路

表 19.4　延时施工台账

施工登记内容													施工注销内容					
年/月/日	施工单位	施工负责人	施工内容（故障内容）	到达时间	施工地点		施工时间		停电范围		异地注销车站（多点施工）	同意施工令号	车站值班员签认	注销/修复时间	注销人签名	施工（故障修复）结果	注销施工令号	车站值班员签认	备注
					起	止	起	止	起	止									
2022/7/26	通号	张三	道岔检修	23:25	龙阳路岔区	龙阳路岔区	23:40	次日03:30				01001	交院	03:10	张三	工完场清设备正常	61001	交院	延时施工
2022/7/27	通号	张三	道岔检修	03:10	龙阳路岔区	龙阳路岔区	03:10	04:10				01001	交院	04:05	张三	工完场清设备正常	61001	交院	延时施工

4. 动火施工

施工单位：合肥物业。

施工负责人：赵六。

施工内容：站厅栏杆安装。

施工时间：2022.7.26　13:00—14:00。

施工范围：太湖路站厅。

动火证号：××××。

东昌路站值班员：交院。

分析：

动火施工且不影响行车施工需车站批准，不需要提前 15 min 到达，不需要"同意施工令号"与"注销施工令号"，需要动火证（治安部颁发）及相关证件（劳动局颁发）（表 19.5）。

5. 多点施工

公司：上海嘉城。

施工负责人：甲。

施工内容：站台门维护保养。

施工时间：2022.7.26　23:45—次日 03:30。

施工范围：A 站上下行至 E 站上下行。

B、C、D、E 站值班员：李一、王二、钱三、吴四。

作业点负责人：乙、丙、丁、戊。

A 站：主登记站。

值班员：城信。

分析：

动火施工且影响行车施工需行车调度批准，需要提前 15 min 到达，不需要"同意施工令号"与"注销施工令号"（表 19.6、表 19.7）。

表 19.5　动火施工台账

施工登记内容														施工注销内容					
年/月/日	施工单位	施工负责人	施工内容（故障内容）	到达时间	施工地点		施工时间		停电范围		异地注销车站（多点施工）	同意施工令号	车站值班员签认	注销/修复时间	注销人签名	施工（故障修复）结果	注销施工令号	车站值班员签认	备注
					起	止	起	止	起	止									
2022/7/26	合肥物业	赵六	站厅栏杆安装		太湖路站厅	太湖路站厅	13:00	14:00					交院	13:50	赵六	工完场清		交院	动火证:×××

表 19.6　多点施工主登记站填写台账(主登记站)

施工登记内容															施工注销内容					
年/月/日	施工单位	施工负责人	施工内容(故障内容)	到达时间	施工地点		施工时间		停电范围		异地注销车站(多点施工)	同意施工令号	车站值班员签认	注销/修复时间	注销人签名	施工(故障修复)结果	注销施工令号	车站值班员签认	备注
					起	止	起	止	起	止									
2022/7/26	上海嘉城	甲	站台门维护保养	23:25	A站上下行	E站上下行	23:45	次日03:30				01001	城信	03:25	甲	工完场清设备正常	61001	城信	作业点:B站、C站、D站、E站

表 19.7　多点施工其他作业点填写台账(作业点 B)

施工登记内容															施工注销内容					
年/月/日	施工单位	施工负责人	施工内容(故障内容)	到达时间	施工地点		施工时间		停电范围		异地注销车站(多点施工)	同意施工令号	车站值班员签认	注销/修复时间	注销人签名	施工(故障修复)结果	注销施工令号	车站值班员签认	备注
					起	止	起	止	起	止									
2022/7/26	通号	乙	站台门维护保养	23:25	A站上下行	E站上下行	23:45	次日03:30				01001	李一	03:20	乙	工完场清设备正常	61001	李一	主登记站:A站

五、考核与评价

实操环节由学生、教师和系统进行评分，通过系统评价，学生互评、自评，教师点评，实现多元综合评价，实训总成绩＝组间互评（18％）＋教师评分（25％）＋系统评分（50％）＋进步评分（7％）。

六、思考与习题

（1）请简述请点手续。
（2）请简述销点手续。
（3）请简述动火作业手续。

附　　录

附录一　车站巡视记录表

年　　月　　日

检查内容		要求	检查情况						发现问题及跟进措施
			早班			中班			
公共区	站台站厅乘客服务情况	(1) 售检验票口乘客有序排列，无乘客排长队							
		(2) 售票员按规定唱票、验票							
		(3) 工作人员严格检查，防止出现乘客逃票、漏检现象							
		(4) 各岗位严格执行“两纪一化”							
	自动售票机(TVM)	(1) 机壳无损伤，外观清洁							
		(2) 显示灯正常							
		(3) 出票口无杂物堵塞							
		(4) 投币口无杂物堵塞							
		(5) 钥匙孔无堵塞							
		(6) TVM 功能正常							
	自动增值机(AVM)	(1) 机壳无损伤，外观清洁							
		(2) 入票口无杂物堵塞							
		(3) AVM 功能正常							
	验票机(TCM)	(1) 机壳无损伤，外观清洁							
		(2) 乘客显示屏功能正常							
		(3) TCM 功能正常							
		(4) TCM 故障，已挂停用牌							
	闸机(GATE)	(1) 机壳无损伤，外观清洁							
		(2) 显示灯正常							
		(3) 乘客显示屏正常显示，功能正常							
		(4) 出、入票口无杂物堵塞							
		(5) 钥匙孔无堵塞							
		(6) 门扇开关正常							

续表

检查内容		要求	检查情况						发现问题及跟进措施
			早班			中班			
	乘客信息系统（PIS）	车站显示屏（条屏、液晶及等离子屏等）功能正常							
	广告牌、广告灯箱、导向牌、不锈钢隔栏、小画框、出入口公告栏	（1）广告牌、广告灯箱正常							
		（2）导向牌指示方向、指示内容正确、清晰、完整							
		（3）卫生状况好，公告栏、画框无破损，画面完好、平整							
	地面	地面干净，无积水、杂物							
	电扶梯、楼梯	（1）扶梯正常工作，无异常声音和异味，运行方向正确							
		（2）裙带无脱落							
		（3）楼、扶梯梯级、台阶干净							
		（4）故障或正在维修的电梯已放暂停服务牌							
	垃圾箱	垃圾箱未满，表面干净、无异味							
	墙、柱	清洁完好							
	站台端门	处于关闭状态，警示标志清晰完好							
	站台、站厅照明	正常							
	洗手间	卫生状况良好、无异味							
	员工通道门	处于关闭状态							
出入口	出入口（5 m范围内）	（1）地面清洁							
		（2）无闲杂人员逗留							
		（3）无人群拥挤							
		（4）无障碍物							
员工工作区域	员工会议室	物品摆放整齐，室内卫生状况良好							
	车控室	（1）无非工作人员							
		（2）物品摆放整齐，室内卫生状况良好							
	客服中心	（1）无非工作人员							
		（2）门为锁闭状态							
		（3）备品摆放有序、卫生状况良好							
	AFC票务室	（1）无非工作人员							
		（2）门为锁闭状态							
		（3）备品摆放有序、卫生状况良好							

续表

检查内容		要求	检查情况						发现问题及跟进措施
			早班			中班			
	清扫间	（1）卫生状况良好、无异味							
		（2）物品摆放整齐							
	洗手间	卫生状况良好、无异味							
	备品库	（1）卫生状况良好、无异味							
		（2）物品摆放整齐							
线路	站内线路	无障碍物，无物品、设备侵入限界							
施工场所	施工场所	（1）施工前采取了安全防护措施							
		（2）施工完毕后施工场所清理干净							
站外设备	冷却塔（每天巡1次）	（1）外观完好，无损坏，无树木杂草等异物侵入				时间：			
		（2）无闲杂人员逗留，无易燃及可疑物品							
		（3）设备无漏水、异响等异常情况							
	风亭（每天巡1次）	（1）外观完好，无损坏，无树木杂草等异物侵入				时间：			
		（2）无闲杂人员逗留，无易燃及可疑物品							
控烟	控烟	车站"控烟"情况良好							
仪容仪表	仪表着装	员工按规定着装，仪容仪表端庄大方							
签名	白班	第一次巡视时间： 巡视签名：	第二次巡视时间： 巡视签名：				第三次巡视时间： 巡视签名：		
	晚班	第一次巡视时间： 巡视签名：	第二次巡视时间： 巡视签名：				第三次巡视时间： 巡视签名：		

注：检查后在检查情况空格栏内画"√"。

附录二　车站客伤处理相关报表

（一）事件经过记录表（当事人）

事发时间：________年____月____日　　　事发地点：________________

当事人姓名：____________　　性别：______　　年龄：______

身份证号码：____

联系电话：____

家庭住址：____

事件经过记录方式：自写（　　　　）口述授权他人代写（　　　　）

____

____

____

____

____

____

____

____

____

签名：____________（手印）_________　　安保部：____________

（二）事件经过记录表（工作人员）

事发时间：________年____月____日　　　事发地点：________________

姓名：________________　　　当班岗位：________________________________

事件经过记录：____

____

____

____

____

____

____

____

____

____

____

____

签名：____________　　　安保部：____________

（三）事件经过记录表（目击证人）

事发时间：________年____月____日　　　　事发地点：________________

当事人姓名：____________　　性别：______　　年龄：______

身份证号码：____________________________________

联系电话：______________________________________

家庭住址：______________________________________

事件经过记录：____

____

____

____

____

____

____

____

____

____

____

____

____

签名：____________　　　　安保部：____________

（四）备用金使用表

时　　间		事发车站	
使用种类		借支金额	
现金管理人		金额大写	
值班站长		目击证人	
事故简述			
车站负责人			
站务中心负责人			
安全保卫部负责人			
运营分管安全领导			

注：1. 使用种类一栏，需注明是证人交通费补偿或抢险应急基金。

2. 适用证人交通费补偿时，必须有目击证人签收。

（五）协议书

（姓名）＿＿＿＿＿＿，（性别）＿＿＿，＿＿＿岁，于＿＿＿＿年＿＿月＿＿日＿＿＿＿时＿＿＿＿分，乘坐城市轨道交通，在＿＿＿＿＿＿＿＿站，因＿＿＿。

经双方协商一次性处理，共计支付费用（人民币）＿＿＿＿＿＿，（￥：　　　　元）。

此协议不违背有关法律规定，符合《民法通则》自愿合法原则，自双方在协议上签名或按手印后，即对双方产生约束力。

此事到此了结，以后双方无涉。

当事人（或家属代表）：＿＿＿＿＿＿　　城市轨道交通方经办人：＿＿＿＿＿＿

身份证号：＿＿＿＿＿＿＿＿＿＿＿＿＿＿（手印）

＿＿＿＿年＿＿月＿＿日

（六）客伤事故报告表

填表单位：　　　　　　　　　　　　　　　　站，编号：

时　　间	＿＿＿＿年＿＿月＿＿日＿＿时＿＿分	
地　　点	＿＿＿＿厅，＿＿＿＿电扶梯，＿＿＿＿闸机	
伤　　者	姓名：　性别：　年龄： 姓名：　性别：　年龄： 姓名：　性别：　年龄： 同行人情况：	
联系方式	家庭住址： 姓名：　宅电：　手机：	
证人情况	姓名：　性别：　年龄：　证件号码： 家庭住址： 联系方式：	
伤害程度	＿＿＿＿部位，伤口长度约＿＿＿＿厘米	
事故简述		
初期治疗	＿＿＿＿部位，缝针＿＿针 CT（　　），X 光片（　　） 其他：	医院结论： 初期支出费用：＿＿＿＿元
确　　认	站长签名	安保部

附录三 车站售、补票作业相关票务报表

（一）乘客事务处理单

填表单位： 站 编号： 年 月 日

事 件 详 情	处 理 结 果
（ ）闸门被误用	（ ）发售免费出站票____张
（ ）车票无效不能出闸	（ ）免费发售单程票____张
（ ）TVM 卡币，设备编号	（ ）收取现金____元，发售单程票____张
（ ）TVM 卡票，设备编号	（ ）退回乘客____元
（ ）TVM 发售无效票	（ ）收取现金____元，发售付费出站票____张
（ ）TVM 少找币，设备编号	（ ）从设备取出现金____元，退回乘客
（ ）乘客无效票	（ ）卡扣费____元
（ ）乘客遗失单程票	（ ）补充值____元，对卡进行更新
（ ）乘客付费区遗失普通储值票	
（ ）乘客车票超时	
（ ）乘客车票超程	涉及差额（＋/－）：¥
（ ）乘客车票超时又超程	备注：
（ ）退卡，卡编号	
（ ）	

乘客资料：
姓 名： 性别：男/女 年龄： 证件号码：
工作单位： 电话：
家庭住址： 电话：

客服中心岗		客运值班员	
员工号		员工号	

注：此表一式三联，第一联上交票务室，第二联乘客留存，第三联车站留存。

（二）备用金借出记录表

填表单位：　　　　　　　　　　　　　　　站　　　　　　　　　　　　　　　年　　月　　日

备用金借出原因	借出金额		附“乘客事务处理单”或“失效车票处理/退款申请表”单号	客运值班员签名	备　注
	押金	余值			
借出金额合计：			站存备用金：		

备注：

根据相应退款原因在该项逐个进行填写

根据BOM打印小票退款金额逐个填写借出金额

根据BOM打印小票退款完整单号填写

上日站存备用金-本日借出金额合计+备注栏的增加金额(核销)(或-减少金额)

如有增加（核销）或减少做相应的备注说明

注：第一联：车站（白色），第二联：收益管理室（蓝色），第三联：派驻财务部（红色）。

附录四　车站 TVM 加票记录表

填表单位：　　　　　　　　年　　月　　日　　　　　　　　单位:张

序号	加票时间	回收时间	机号	加票数	售出数	失效票数	结余数	加票人	回收人
合计									

实际加票时间

实际回收时间

实际加票数量

此栏为双人确认

附录五　车站配票作业相关报表填写要求

（一）售票员结算单[见附录6(一)]

（二）车站票务交接班记录表

填表单位：　　　　　　　站

交班人	值班员姓名及工号					交班时间		年　月　日			
	值班站长姓名及工号							时　分			
现金送款单回执			备用金	本班增加数/减少数		备用金配备金额–所有退款总额		本班结存			
			纸币								
票款			硬币								
			总计								
票务钥匙	本班增加数/减少数	本班结存	状态	票务钥匙	本班增加数/减少数	本班结存	状态	票务钥匙	本班增加数/减少数	本班结存	状态
纸币钱箱				TVM加币、加票抽板				文件柜钥匙			
客服中心钥匙				单程票加票箱				保险柜钥匙			
BOM收银钱箱				单程票废票箱				钥匙柜钥匙			
TVM/AVM后门钥匙				单程票人工回收箱				解行箱钥匙			
TVM硬币回收钱箱				手机BOM读卡器				BOM读卡器SAM卡			
TVM硬币补充箱				BOM读卡器							
票务备品	本班增加数/减少数	本班结存	状态	票务备品	本班增加数/减少数	本班结存	状态	票务备品	本班增加数/减少数	本班结存	状态
纸币钱箱				点币机				手持验票机			
硬币回收钱箱				点票机				易派手机读卡器			
硬币补充箱				验钞机				单程票初始化清分机			

续表

单程票加票箱				解行箱				单程票人工回收箱		
配票箱				运营手推车				物流箱		
项目 票种	上班结存	增加数			减少数				本班结存	
		票务中心配票＋	BOM发售后归还＋		给售票员配票	TVM配票	上交票务中心			
普通储值票										
普通单程票										
发票	2元	3元	4元	5元	6元	7元	8元	9元	10元	11元
本班增加/减少数										
本班结存										
备　注										
接班人	值班员姓名及工号					接班时间		年　月　日		
	值班站长姓名及工号							时　分		

（三）车站客服中心交接班记录表

票亭编号：　　　　　　　　　　　　　　　　　年　月　日

BOM 设备号：				BOM 设备号：			
交接项目	交接数量	交接状态	备注情况	交接项目	交接数量	交接状态	备注情况
显示器				显示器			
BOM 打印机				BOM 打印机			
电话				电话			
乘客对讲器				乘客对讲器			
客服中心钥匙				客服中心钥匙			
BOM 读卡器				BOM 读卡器			
SAM 卡				SAM 卡			
手机 BOM 读卡器				手机 BOM 读卡器			
易派辅助刷卡器				易派辅助刷卡器			
计算器				计算器			
硬币盘				硬币盘			
验钞机				验钞机			
发票				发票			
延误证明				延误证明			
乘客意见表				乘客意见表			
交班时间：	交班人姓名：			交班时间：	交班人姓名：		
	接班人姓名：				接班人姓名：		

票亭编号：　　　　　　　　　　　　　　　　　年　月　日

BOM 设备号：				BOM 设备号：			
交接项目	交接数量	交接状态	备注情况	交接项目	交接数量	交接状态	备注情况
显示器				显示器			
BOM 打印机				BOM 打印机			
电话				电话			
乘客对讲器				乘客对讲器			
客服中心钥匙				客服中心钥匙			
BOM 读卡器				BOM 读卡器			
SAM 卡				SAM 卡			
手机 BOM 读卡器				手机 BOM 读卡器			
易派辅助刷卡器				易派辅助刷卡器			
计算器				计算器			
硬币盘				硬币盘			
验钞机				验钞机			
发票				发票			
延误证明				延误证明			
乘客意见表				乘客意见表			
交班时间：	交班人姓名：			交班时间：	交班人姓名：		
	接班人姓名：				接班人姓名：		

（四）票务钥匙使用记录表

月	日	钥匙名称	发放人	员工号	使用人	员工号	领取时间	使用原因	交还时间	回收人	员工号

附录六　车站结算作业相关票务报表填写要求

（一）售票员结算单

填表单位：　　　　　　　　　站　　　　　年　　月　　日　　　　　单位：元

时间	从　　至	备用金配备	金　额	注释：客值配备给售票员的备用金		退款总金额	
			值班员签名			备用金余额	注释：备用金配备金额−所有退款总额

项目／票种	配发张数	回收张数	出售 张数	出售 押金(1)	出售 发售金额(2)	合计 金额(3)=(1)+(2)
普通储值票	注释：客值配发给售票员的储值票张数	注释：实际回收车票数	注释：配发张数−回收张数		¥	¥
普通单程票			注释：BOM出售单程票数		¥	¥
免费出站票	—	—			¥	¥
付费出站票	—	—			¥	¥
行李票					¥	¥
补收票款					¥	¥
儿童票					¥	¥
					¥	¥
					¥	¥
					¥	¥
					¥	¥
					¥	¥
					¥	¥
合　计	—	—	—	¥(4)	¥(5)	¥(6)=(4)+(5)

充值金额 (7)	¥ 注释：客值根据SC上的数据填写	超时、超程补值 (8)	¥ 注释：客值根据SC上的数据填写		
预收款金额 (10)	¥ 注释：客值根据SC上的数据填写	收款人姓　名		收款人员工号	
应收金额 (11)=(6)+(7)+(8)	¥	实收金额 (12)	¥ 注释：售票员下班后清点的所有现金−备用金余额	差　额 (13)=(12)−(11)	¥
退款原因	乘客事务退款	¥			
	单程票退款	¥ 注释：除单程票退款外的所有退款			
		¥			
备　注	1. 上交失效车票：普通储值票________张，普通单程票________张 2. 上交退票：普通单程票________张 3. 4. 注释：其他异常情况				
售票员姓名及工号		客运值班员姓名及工号			

注：第一联：票务中心；第二联：车站序号。

（二）TVM(AVM)钱箱更换/清点记录表(纸币)

填表单位：　　　　　　　　站　　　　　　　　年　　月　　日　　　　　　　　单位：元

更换钱箱								清点金额（实点数减机器读数）							
时间	TVM(AVM)号码	钱箱号码	机器读数(1)	签名	员工号	签名	员工号	时间	实点数(2)	差异额(2—1)	签名	员工号	签名	员工号	备注
			填写更换/清点箱所在TVM/AVM系统显示的统计数						填写清点钱箱实点数						钱箱中发现假币不计入实点数，对应机器号在此备注，如“假币10元”
钱箱总数合计	填写本表清点的钱箱总数	金额合计	¥（机器读数合计数）	本班客值签名		本班客值员工号			¥（实点数合计数）	¥（差异额合计数）	本班客值签名		本班客值员工号		

注：第一联：收益管理室（白色）；第二联：车站（红色）。

(三) TVM(AVM)钱箱更换/清点记录表(硬币)

填表单位:　　　　　　　站　　　　　　　年　　月　　日　　　　　　　单位:元

更换钱箱								清点金额							
时间	TVM(AVM)号码	钱 箱 号 码	机器读数(1)	签名	员工号	签名	员工号	时间	实点数(2)	差异额(2—1)	签名	员工号	签名	员工号	备注
钱箱总数合计		金额合计 ¥							¥	¥					

注:第一联:收益管理室(白色);第二联:车站(红色)。

（四）车站营收日报

填表单位：　　　　　　　　　　站　　　　年　　月　　日　　　　　　单位：元

票款结存	隔夜票款				已送行金额		合计
	钱箱金额	钱箱差额	BOM 票款	押金			
上日	¥	¥	¥	¥	¥	¥	¥
本日	¥	¥	¥	¥	¥	¥	¥

票款收入		早班	晚班	合计
TVM收入	钱 箱	早班回收的TVM实点钱箱金额	在晚班回收的所有TVM实点钱箱金额合计−当天所有的补币总额	
	小计(1)			早班TVM小计+晚班TVM小计
AVM收入	纸币充值			
	小计(2)			早班AVM小计+晚班AVM小计
BOM收入	票 款	售票员实收金额-预制票		
	预制票			
	小计(3)	票款+预制票		早班BOM小计+晚班BOM小计
卡押金(4)				
应收总金额(5)				
实收总金额 (6)＝(1)＋(2)＋(3)＋(4)				以上各项小计的合计数+站厅拾币
差额	金额 (6)－(5)			
	原因说明			
本日解行金额				本日实际装箱解行的票款总额
上日实际解行金额				
短款补款				当日短款补款合计数
值班员签名				
值班员员工号				
备注				
复核人签名			复核人员工号	

注：第一联：收益管理室（白色）；第二联：车站（红色）。

附录七　现金缴款单

线站务员缴款单

年　　月　　日

<table>
<tr><td colspan="2">站务员姓名</td><td colspan="2">员工号</td><td colspan="5">班次</td><td colspan="5">钱袋号码</td></tr>
<tr><td colspan="2"></td><td colspan="2"></td><td colspan="5"></td><td colspan="5"></td></tr>
<tr><td colspan="4" rowspan="2">金额(大写)：</td><td>千</td><td>百</td><td>十</td><td>万</td><td>千</td><td>百</td><td>十</td><td>元</td><td>角</td><td>分</td></tr>
<tr><td></td><td></td><td></td><td></td><td></td><td></td><td></td><td></td><td></td><td></td></tr>
<tr><td>票面</td><td>张数</td><td>金额</td><td>票面</td><td colspan="5">张数</td><td colspan="5">金额</td></tr>
<tr><td>100 元</td><td></td><td></td><td>2 元</td><td colspan="5"></td><td colspan="5"></td></tr>
<tr><td>50 元</td><td></td><td></td><td>1 元</td><td colspan="5"></td><td colspan="5"></td></tr>
<tr><td>20 元</td><td></td><td></td><td>5 角</td><td colspan="5"></td><td colspan="5"></td></tr>
<tr><td>10 元</td><td></td><td></td><td>2 角</td><td colspan="5"></td><td colspan="5"></td></tr>
<tr><td>5 元</td><td></td><td></td><td>1 角</td><td colspan="5"></td><td colspan="5"></td></tr>
<tr><td colspan="3">备注：</td><td colspan="11">封包条号码：</td></tr>
<tr><td colspan="3">值站/客值签名：</td><td colspan="11">员工号：</td></tr>
</table>

注：一式两联。第一联：银行(白色)；第二联：车站(蓝色)。

附录八　车站行车日志与路票

（一）××车站行车日志（正面）

当班：_______ 年___月___日　天气_____　行车值班员_________　设备值班员________

上行										下行									
车次	到达				出发				附注	车次	到达				出发				附注
	电话记录号码及收发时间		邻站出发	本站到达	电话记录号码及收发时间		本站出发	邻站到达			电话记录号码及收发时间		邻站出发	本站到达	电话记录号码及收发时间		本站出发	邻站到达	

（二）车站与基地路票

路票 NO：S*** （上行）

电话记录第______号，车次_____

________站至 ________站

区间限速________km/h

×车站专用章

车站值班员：________

年 月 日

路票 NO：X*** （下行）

电话记录第______号，车次_____

________站至 ________站

区间限速________km/h

×车站专用章

车站值班员：________

年 月 日

路票 NO：C**** （基地）

电话记录第______号，车次__________

_____车辆基地_____道 出段线/入段线 ⇄ 上行线/下行线_____站

区间限速________km/h

×车站专用章

车站值班员：________

年 月 日

路票 NO：R**** （基地）

电话记录第______号，车次__________

_____站 上行线/下行线 ⇄ 出段线/入段线_____车辆基地_____道

区间限速________km/h

×车站专用章

车站值班员：________

年 月 日

参考文献

[1] 李志成. 城市轨道交通行车组织[M]. 2 版. 合肥:中国科学技术大学出版社,2023.

[2] 孟祥虎,孙巧玲. 城市轨道交通应急处理[M]. 2 版. 北京:人民交通出版社,2021.

[3] 李宇辉. 城市轨道交通应急处理[M]. 北京:人民交通出版社,2020.

[4] 孙佩,禹建伟. 城市轨道交通行车组织[M]. 北京:中国铁道出版社,2021.

[5] 李志成,王晓飞. 城市轨道交通客运组织[M]. 2 版. 合肥:中国科学技术大学出版社,2023.